见证——中原红色文物故事

中共河南省委党史和地方史志研究室　河南博物院 著

海燕出版社
·郑州·

编委会名单

主　　任：刘汉征　万　捷　马萧林
副 主 任：李海民　翟红志　荆书剑
编　　委：王苏佳　牛珂珂　张建民
　　　　　李　莎

主　　编：王文析　沈天鹰
摄　　影：苏一飞　孙海涛　张潇杨

序

党的十八大以来，习近平总书记高度重视学党史、用党史，并多次就革命文物工作作出重要指示，强调"革命文物承载党和人民英勇奋斗的光荣历史，记载中国革命的伟大历程和感人事迹，是党和国家的宝贵财富，是弘扬革命传统和革命文化、加强社会主义精神文明建设、激发爱国热情、振奋民族精神的生动教材"，要求"切实把革命文物保护好、管理好、运用好，发挥好革命文物在党史学习教育、革命传统教育、爱国主义教育等方面的重要作用"。

河南地处中原，历史悠久，文化灿烂，是中华文化的重要发源地，也是一方革命热土，是中国共产党最早开展革命活动的地区之一，有着光荣的革命传统、丰富的红色资源、众多的革命文物。一百年来，党领导河南人民不畏艰难、接续奋斗，创造了一个又一个彪炳史册的人间奇迹，在长期革命斗争实践中涌现出吉鸿昌、吴焕先、杨靖宇、彭雪枫、焦裕禄等众多革命英雄人物，孕育出大别山精神、红旗渠精神、焦裕禄精神等伟大革命精神，也在广袤的中原大地上留下了无数弥足珍贵的革命文物。每一件革命文物都铭刻着一段记忆，为研究、宣传党的历史提供了十分丰富的实物资料；每一件革命文物都是一座"精神宝藏"，是弘扬革命精神、赓续红色血脉的"传家宝"，讲述好其背后的感人故事意义重大。

为贯彻落实好习近平总书记重要讲话精神，发挥河南红色资源丰富、革命文物众多的优势，讲好讲活红色文物背后的红色故事，助力推动党史学习教育常态化、长效化，中共河南省委党史和地方史志研究室联合河南博物院、海燕出版社，精心选取了一批河南博物院院藏珍贵文物，深度挖掘其背后感人至深的红色故事，共同推出《见证——中原红色文物故事》图书。

本书以河南博物院院藏5000多件（套）革命文物为基础，精选其中代表性强、内涵深刻的30多件（套）珍贵革命文物，如吉鸿昌烈士就义时穿的血衣、刘少奇在竹沟工作时送给王国华的公文包、刘邓大军渡黄河时用的葫芦等，通过小切口展现大主题，讲述河南发生的重大革命史事、涌现的重要英雄人物、孕育的革命精神，生动再现了烽火连天、波澜壮阔的峥嵘岁月，深情讴歌了不畏牺牲、英勇奋斗的革命英雄，集中反映了中国共产党人精神谱系，是开展党史学习教育的生动教材。

红色教育要从娃娃抓起，是落实立德树人根本任务的现实需要，也是出版本书的重要目的。为此，本书有针对性地采取了文字结合历史图片、二维码（视频）的形式，图文并茂、链接丰富、内容生动，为党员干部特别是青少年学习党史提供了更为直观、易懂的独特视角，具有较强的可读性。相信本书的出版，必将对教育引导党员干部和广大青少年学习党史、缅怀先烈，崇尚英雄、致敬模范，弘扬伟大建党精神，传承红色基因、赓续红色血脉，产生有力推动作用。也希望广大党员干部和青少年从这些文物背后的故事中汲取智慧和力量，守初心、践使命，更好地肩负起新时代赋予的光荣使命，为全面建设社会主义现代化河南，谱写中原更加出彩绚丽篇章贡献力量！

中共河南省委党史和地方史志研究室主任 刘江浪

目　录

杨介人烈士的家书 / 01

京汉铁路工人大罢工运动相关文物 / 07

《前锋》月刊 / 13

李鸣岐烈士遗物 / 17

《中州评论》影印合集 / 23

《向导》周报 / 27

《河南青年协社之宣言、总章、各项计划》/ 31

《国民革命军独立第十五师布告》和《河南宣传临时口号》/ 35

豫东农民暴动使用的大刀 / 39

红军颁发的土地使用证 / 43

红军的"油布票" / 47

中华苏维埃共和国借谷票 / 51

红二十五军长征中使用过的水桶 / 55

吉鸿昌烈士就义时穿的血衣 / 59

红二十八军参谋处印章 / 65

刘少奇送给王国华的公文包 / 69

《长征25000里》 / 73

《拂晓报》合订本 / 77

《悼念新四军第一总队队长鲁雨亭同志文集》 / 83

《地雷的制造、安装与伪装法》小册子 / 87

诞生于抗日烽火中的《冀鲁豫日报》 / 91

皮定均转战豫西时使用的毛毯 / 95

艾文谦烈士的血衣 / 99

黄河葫芦 / 103

新洛阳报社编印的《目前形势和我们的任务》 / 107

孙卫和侦察敌情时用的记录本、大褂、墨镜 / 111

华北军区印发的《解放开封》小册子 / 115

《新华日报》太行版合订本 / 121

载有执行"三大纪律八项注意"的《麓水报号外》 / 125

中华人民共和国开国纪念徽章 / 129

宋学义荣获的"华北解放纪念章" / 133

发给孙占元烈士家属的信 / 139

杨介人烈士的家书

见证——中原红色文物故事

文物介绍

国家一级文物,单张,纸质,纵 21.6 厘米,横 16.7 厘米。现藏于河南博物院。

扫码观看视频

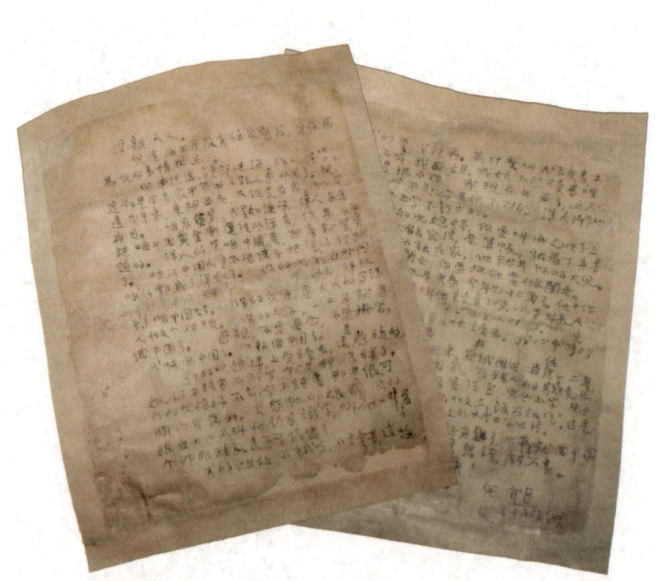

杨介人烈士的家书

02

杨介人烈士的家书

杨介人烈士

在河南博物院的馆藏文物中,有一封中国共产党早期革命运动先驱杨介人同志的家书,它为单张,纸质,纵21.6厘米,横16.7厘米,写于1922年1月杨介人在法国勤工俭学时,为国家一级文物。

杨介人,原名杨介臣,字廉泉,1899年出生于今河南省沁阳市。在武陟木栾店商业学堂学习期间,他目睹了列强入侵、军阀混战、人民生活苦不堪言的社会状态,立志发奋读书、科学救国。为了寻找救国救民的真理,他远赴法国求学,成为河南第一批赴法留学生。

在法国,他同蔡和森、赵世炎等在巴黎蒙尼达公学学习，到人造丝厂、豆腐作坊和圣沙孟铁厂做工。他们几个人合租一间小屋，睡湿漉漉的通铺，常常一天只能吃一顿饭。生活虽然艰苦，但他从未停下寻求真理的脚步。当杨介人接触到马克思、恩格斯的《共产党宣言》，列宁的《国家与革命》这些先进思想时，他倍感兴奋。他为自己找到革命真理而高兴，他要将自己坚定了共产主义信念的消息第一时间告诉远在祖国的母亲，于是，就写下了这封情真意切的信："儿这几年来东跑西走，不但是为家，而更是为国。自家贫穷，我是知道的……洋人每年把咱中国黄金都运往外洋去，你是不知道的，咱们中国人要不想法子把洋人们打跑，咱们都成了洋奴了。你的儿子在外国，亲眼看见洋人戴着钢盔、刺刀、大炮、洋枪到咱中国去了。你的儿子要大大的与洋人作个对头……"这封家书，就是他"富国强民"的初心和使命，就是他一生都在为之奋斗的理想和信念。1923年2月，杨介人在周恩来、赵世炎的帮助下，正式成为中国共产党党员。

杨介人回国后，受中共中央北方局派遣，担任中共安阳县委书记。他参与并领导了安阳等地铁路沿线的工人、农民和学生运动，焦作煤矿工人反对外国资

杨介人烈士的家书

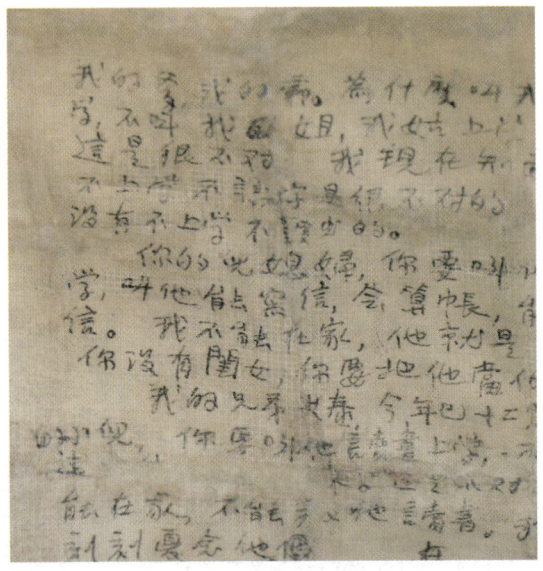

杨介人烈士的家书（局部）

本家的罢工斗争，安阳广益纱厂的工人反饥饿斗争等。1932年，因叛徒出卖，杨介人同志被捕入狱，1936年领导越狱暴动未成，12月底被杀害，年仅37岁。

杨介人烈士用鲜血点燃了革命的火炬，其生前为之奋斗的伟大事业，早已在中华大地完全实现。1946年春，沁阳解放后，党和政府在他的家乡（今崇义镇）召开了追悼大会，追认他为革命烈士，并修建了"杨介人纪念馆"。这封家书是杨介人烈士最重要的遗物，为了发挥其重要的革命教育意义，杨介

05

人烈士次子杨殿立先生于20世纪80年代将书信公布并捐献出来，让更多的人了解到这位中国共产党早期革命运动先驱的赤胆忠心，感受早期共产党人的初心和使命担当。

这一封家书，是革命先烈矢志不渝、追求真理，誓把革命道路走到生命尽头的坚定信念的化身，它值得我们薪火相传，永远铭记。

杨介人烈士故居

京汉铁路工人大罢工运动相关文物

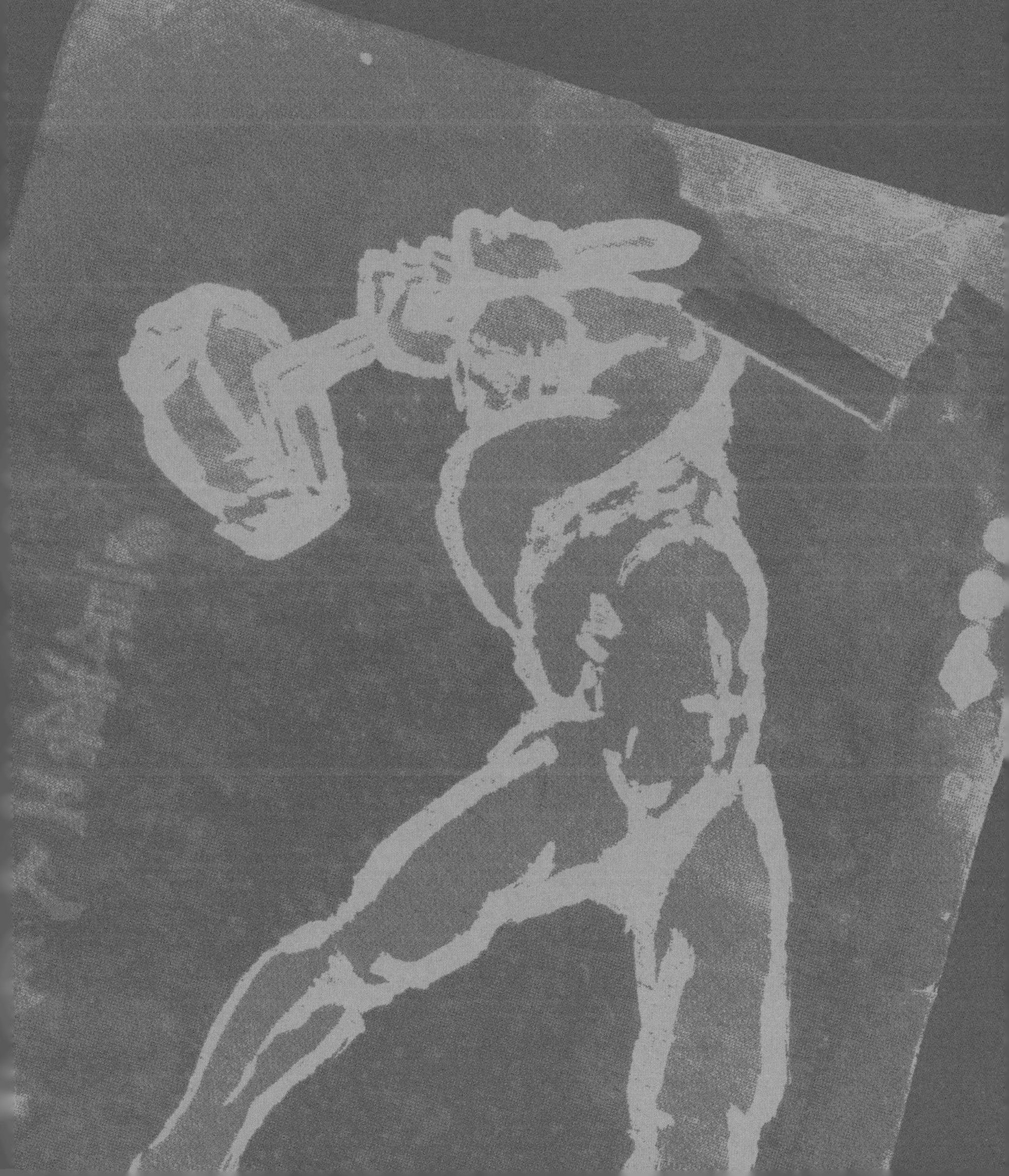

文物介绍

二七罢工传单:《为二月七日军阀惨杀京汉路工敬告国人》,纵 33 厘米,横 43 厘米。

工人遭到屠杀的抄件,纵 31 厘米,横 82 厘米。

《京汉工人流血记》,纵 18.3 厘米,横 12.5 厘米,纸质,铅印,竖排版,1923 年 3 月由北京《工人周刊》出版,作者文虎(即罗章龙)。

这一组文物现藏于河南博物院。

扫码观看视频

《京汉工人流血记》

京汉铁路工人大罢工

  二七罢工传单、工人遭到屠杀的抄件、《京汉工人流血记》……这些是陈列在河南博物院展厅中关于京汉铁路工人大罢工运动的珍贵资料。京汉铁路工人大罢工，亦称"二七大罢工"，是中国共产党领导的第一次工人运动高潮的顶点。

  1923年2月1日，共产党领导下的京汉铁路总工会成立大会在郑州召开，突遭反动军阀吴佩孚的武力阻挠。面对军警的镇压，领导京汉铁路工人运动的共产党人和各地工人代表毫不畏惧，开展了针锋相对的斗争。2月4日，在党的领导下，京汉铁路

09

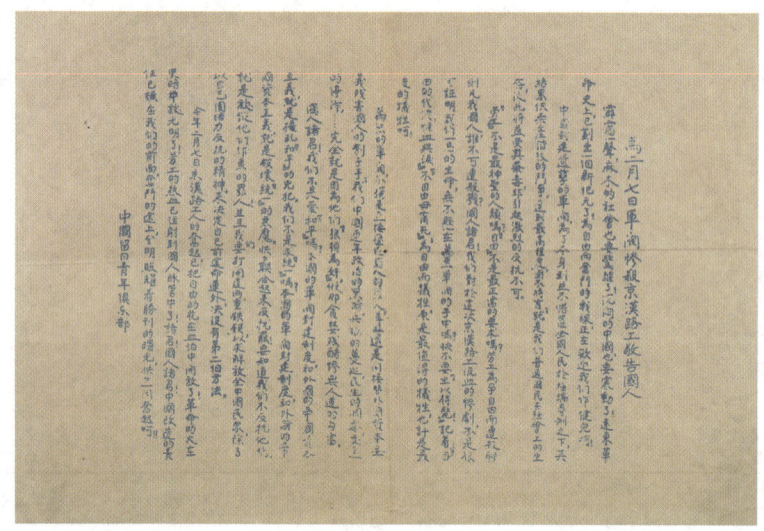

二七罢工传单：《为二月七日军阀惨杀京汉路工敬告国人》

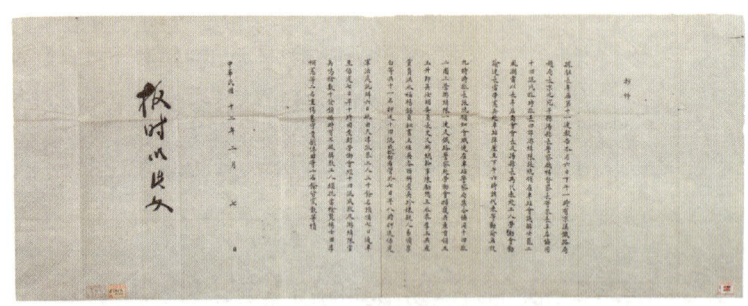

工人遭到屠杀的抄件

3万名工人举行规模空前的大罢工，1200公里铁路顿时瘫痪。大罢工引起了帝国主义和反动军阀的巨大恐慌。2月7日，在帝国主义支持下，吴佩孚出动了两万多军警，在京汉铁路沿线疯狂镇压罢工工人。

罢工领导者、共产党员林祥谦和施洋等惨遭杀害,制造了震惊中外的"二七"惨案。这次惨案中,前后牺牲52人,受伤300余人,各地工会组织受到严重摧残。

司文德,中共党员,1896年出生在今河南省安阳市汤阴县城关镇小朵庄村一个贫农家庭。京汉铁路建成通车后,司文德在1918年夏考入京汉铁路第二工务总段郑州分段,被分配到郑州129棚当养路工,1922年被选为工务处工人总代表。1923年2月,司文德作为骨干分子参加了京汉铁路工人大罢工。吴佩孚下令对罢工工人进行血腥屠杀,制造了震惊中外的"二七"惨案,司文德被捕。在狱中,他受尽酷刑,8月经组织营救出狱。之后,司文德继续领导工人运动。

1925年1月,京汉铁路总工会和郑州分工会恢复,司文德再次被选为郑州分工会工务处工人总代表,与分工会负责人汪胜友等一起开展工人运动。8月初,他协助领导郑州豫丰纱厂大罢工取得胜利,极大鼓舞了郑州及全省工人斗争的热情。

1926年7月,国民革命军开始北伐。在党的领导下,

司文德烈士

司文德组织秘密工会小组，经常带领工人破坏吴佩孚军队的交通运输，给北伐军以有力支援。10月6日晚，由于叛徒出卖，司文德被逮捕。在狱中，他受尽严刑拷打，始终保守党的秘密，最终惨遭杀害，并被敌人悬首示众于长春桥。工友们花钱"赎"了他的头颅与尸体安葬。

1952年4月5日，司文德被追认为"二七"烈士。中共河南省委、省人民政府修建"二七"纪念塔，纪念司文德、汪胜友等烈士的斗争事迹。

郑州二七罢工纪念塔

《前锋》月刊

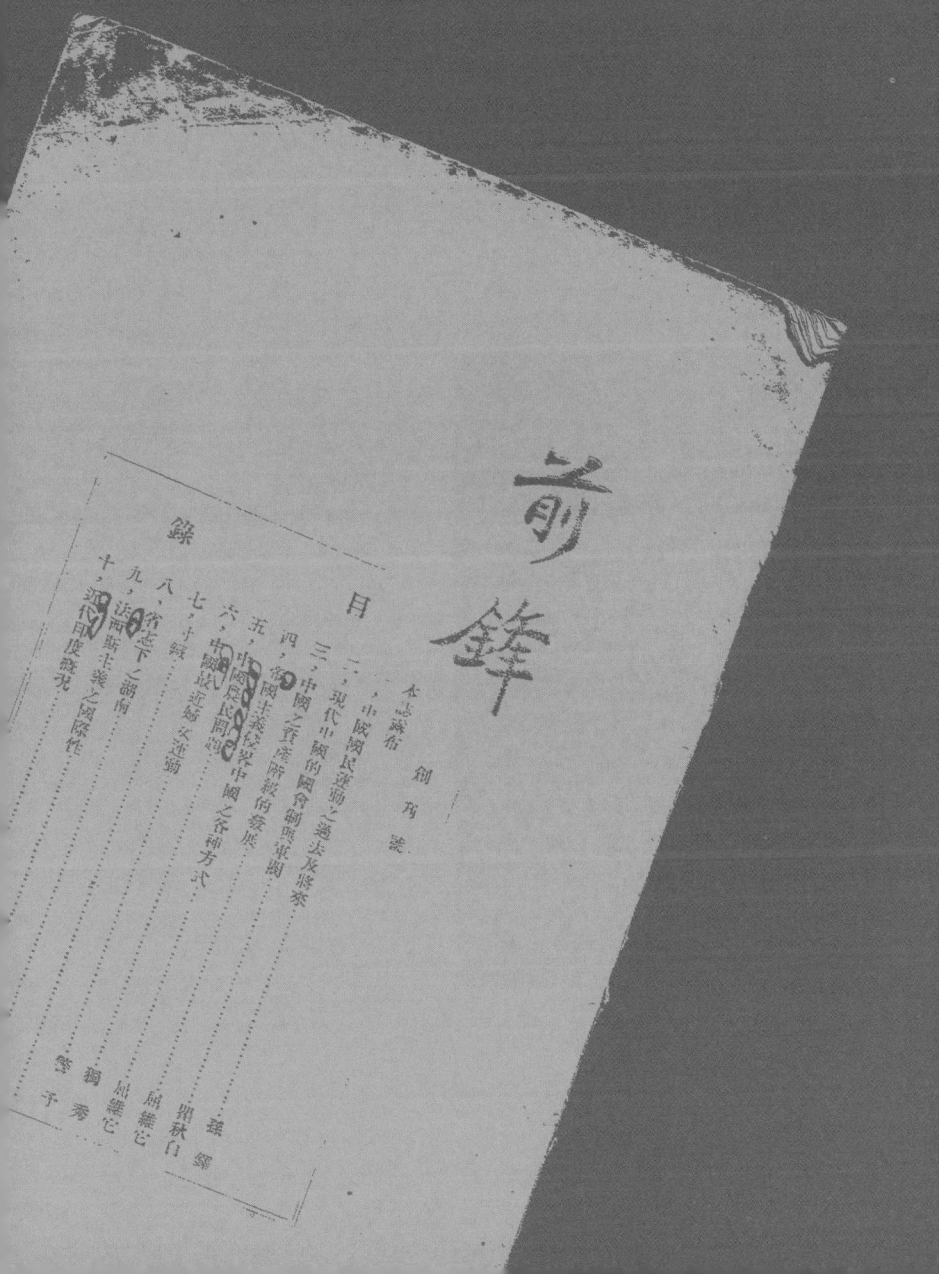

见证——中原红色文物故事

文物介绍

扫码观看视频

《前锋》创刊号及第二期、第三期，纵 25.5 厘米，横 17.5 厘米，铅印，新闻纸，竖排版。现藏于河南博物院。

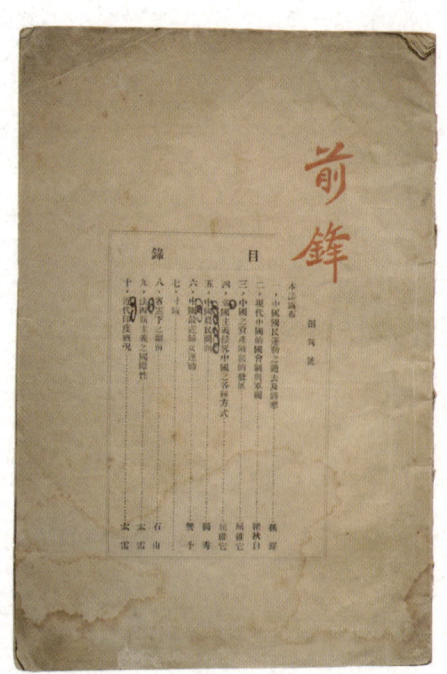

《前锋》创刊号

14

《前锋》月刊

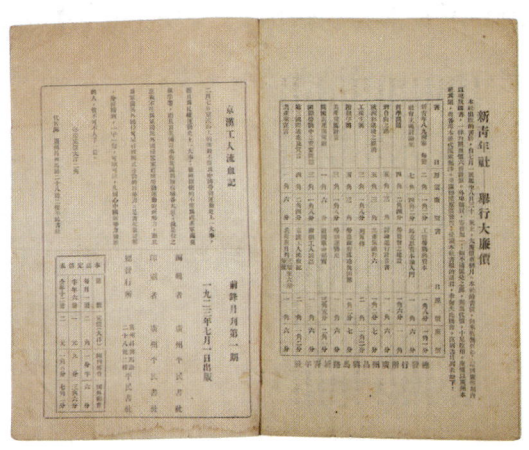

《前锋》月刊内文之一

瞿秋白,江苏常州人。中国共产党早期主要领导人之一,伟大的马克思主义者,卓越的无产阶级革命家、理论家和宣传家。中国革命文学事业的重要奠基者之一。1923年,瞿秋白负责主编中共中央机关刊物《前锋》。

《前锋》为月刊,是大革命时期中国共产党的政治性机关刊物。1923年6月,中国共产党在广州召开了第三次全国代表大会,正式确定了党的统一战线方针。同年7月1日,由瞿秋白主编的中共中央机关刊物《前锋》杂志于上海创刊,陈独秀、张太雷、

15

向警予经常为刊物撰文。当时为转移敌人注意,月刊假托广州平民书社编辑发行。然而,限于当时的形势与经费、人力不足等条件,《前锋》杂志仅出了3期就被迫停刊。

瞿秋白主编的《前锋》月刊以统一战线方针为指导,致力于宣传国民运动,介绍马克思列宁主义的基本原理,注重分析中国的国情,与同时出版的中共理论刊物《新青年》一起,成为党的宣传喉舌,在中国共产党的理论建设和理论宣传上发挥了重要作用。

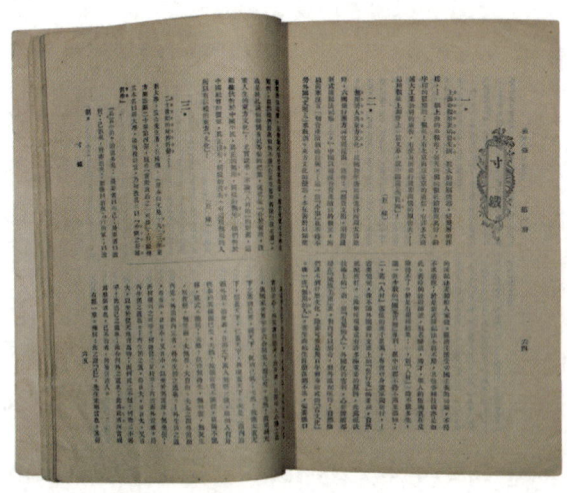

《前锋》月刊内文之二

李鸣岐烈士遗物

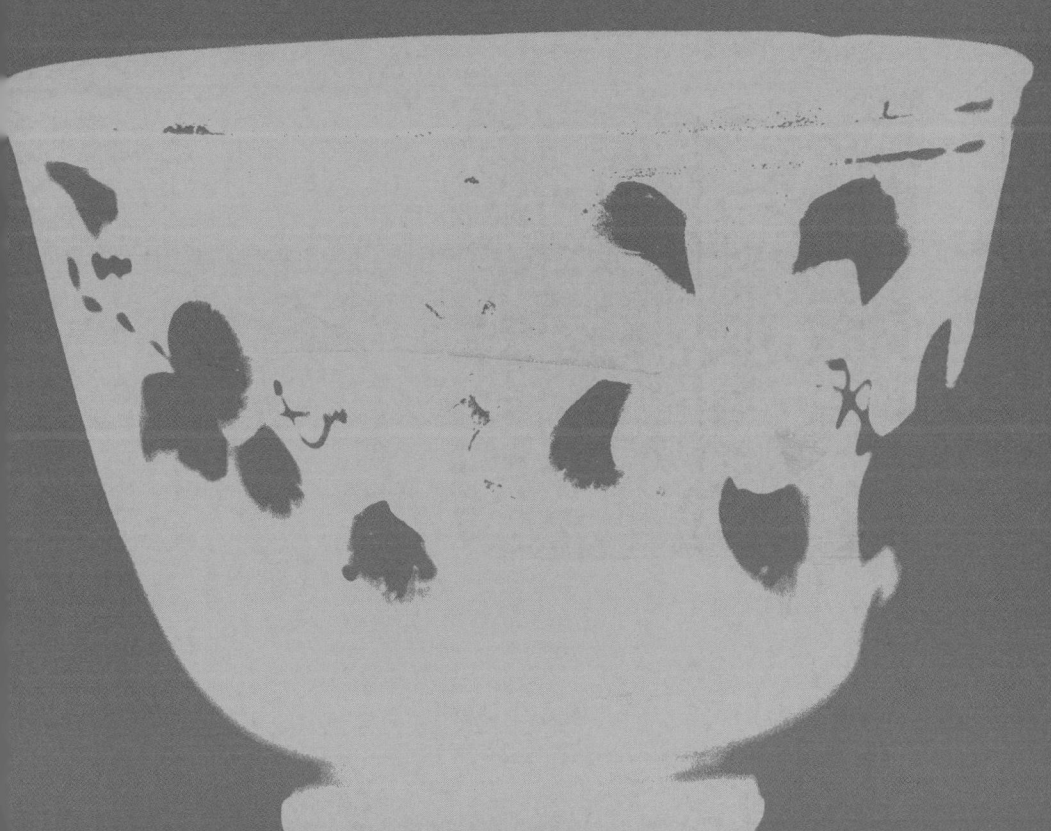

见证——中原红色文物故事

文物介绍

扫码观看视频

李鸣岐烈士学习返家时购买的茶杯、茶碟。

李鸣岐烈士生前读过的书:《中山先生思想概观》,纵 18.5 厘米,横 13 厘米,长方形,竖排版,铅印,平装本;《第一工业学校读本》,纵 25 厘米,横 14.3 厘米,16 开,新闻纸,长方形,横排版,铅印,平装本。

这一组文物现藏于河南博物院。

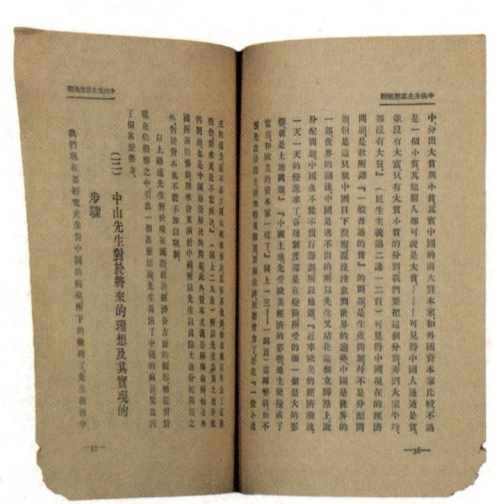

《中山先生思想概观》

李鸣岐烈士遗物

李鸣岐烈士

河南博物院展厅中陈列着许多革命先烈们留下的遗物,其中有一组茶碟茶杯,均是李鸣岐烈士生前在广州黄埔军校学习返家时购买的。《中山先生思想概观》《第一工业学校读本》是李鸣岐烈士生前阅读过的书,由其爱人保存至今。

李鸣岐,1905年出生于河南省驻马店市确山县,1925年加入中国共产党,同年秋天考入黄埔军官学校第四期。1927年春,河南确山党组织为配合北伐军入豫,举行了声势浩大的农民暴动。李鸣岐被派回河南,投身到轰轰烈烈的农民运动之中,与领导确山武装暴动的马尚德(杨靖宇原名)等一起建立了

李鸣岐烈士学习返家时购买的茶杯、茶碟

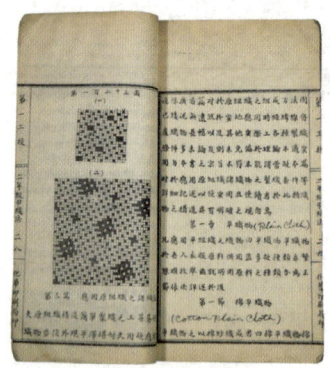

《第一工业学校读本》

河南省第一个农工政权——确山县临时治安委员会和县治安总队,李鸣岐担任总队长。1927年11月1日,李鸣岐参加并领导了刘店秋收起义。

1927年11月,河南省反动当局令确山县县长高子元和驻军旅长张德枢迅速肃清农民革命军。阴险狡诈的张德枢、高子元拼凑了一个千人联军,像一窝蜂似的涌向刘店,但被李鸣岐率领的农军打得七零八落。之后，农民革命军一面整顿、训练队伍，一面发动群众镇压土豪劣绅，消灭地方反动武装，在确山、汝南、信阳、正阳交界地区展开了创建革命根据地的游击斗争。在一个多月的时间里，游击区就扩大到方圆百余里，队伍人数增长了近一倍，地方赤卫队亦发展到一万余人。在当地群众中，至今还流传着"兵对兵来将对将，李鸣岐包打李文相"的歌谣。不久，李鸣岐、马尚德又率农军消灭了戴文甫地主民团，除掉了确山民团头子周宪斌等。一时间，农军声威大震。

1928年1月，李鸣岐出席河南省第三次党代表大会，会上被选为出席中共六大的代表，赴莫斯科

莫斯科近郊中共六大会议会址

参加党的第六次全国代表大会。回国后，他任中共河南省委员会委员、宣传部部长，中国共产主义青年团河南省委员会委员、秘书长等职务。

1928年冬，河南省城开封的白色恐怖愈发严重，警车鸣着刺耳的笛声在大街小巷里横冲直撞。由于吴耀卿的叛变，省委组织遭受严重破坏，李鸣岐也被捕入狱。在狱中，他以编写并传唱革命歌曲的方式，与敌人进行斗争，播撒革命火种。1929年夏，李鸣岐被党组织营救出狱，1931年初，由于叛徒出卖，再次被捕。

1931年5月9日凌晨，天空下着细雨，黑暗笼罩下的古城开封，死一般的沉寂。突然，一声声"打倒军阀！""共产党万岁！"的口号，响彻开封。随着口号声的消失，李鸣岐壮烈牺牲，时年26岁。

新中国成立后，李鸣岐被党和政府定为首批革命烈士，2009年被评为"河南省60位为新中国成立作出突出贡献的英雄模范人物"。

《中州评论》影印合集

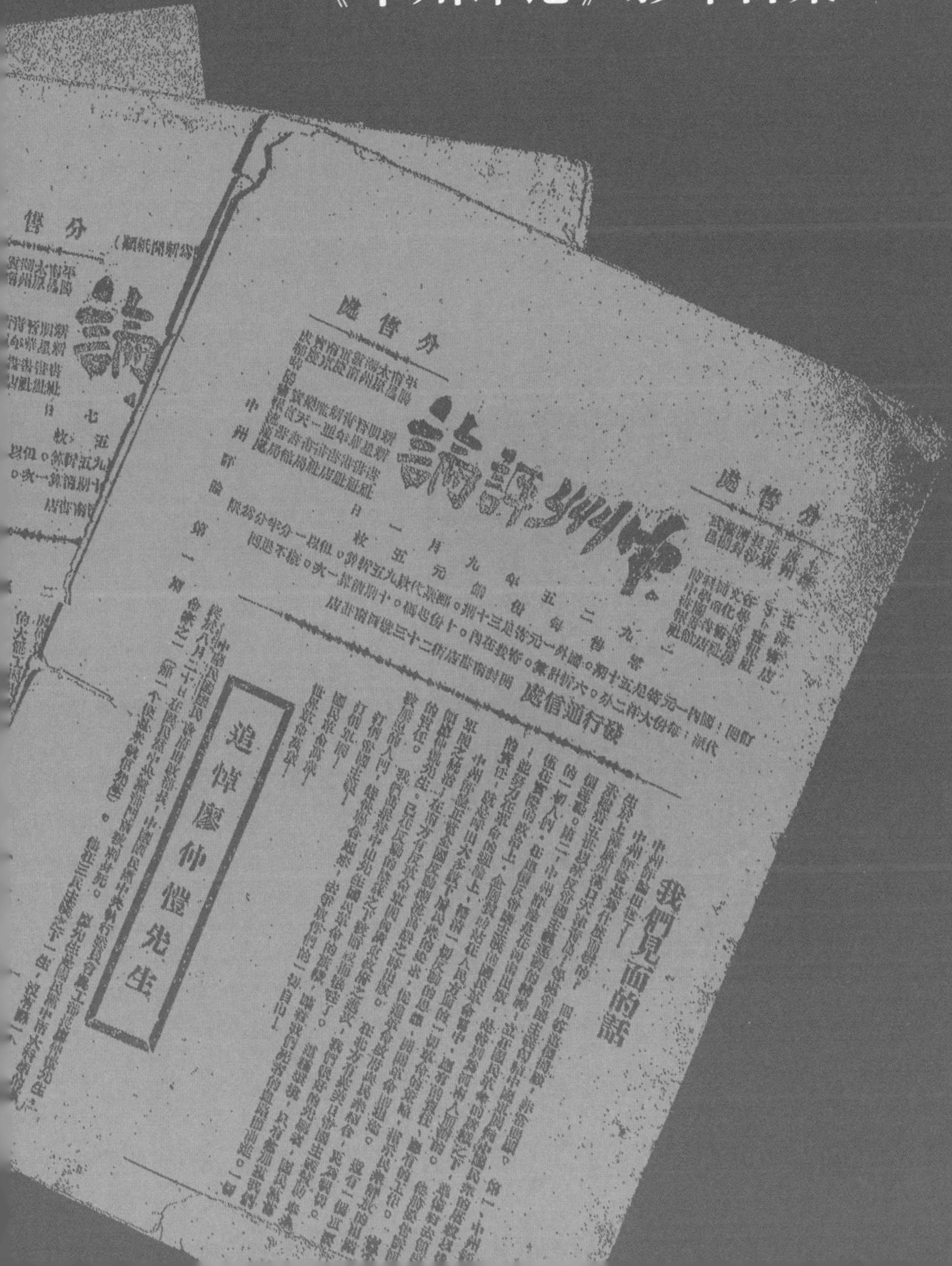

见证——中原红色文物故事

文物介绍

《中州评论》影印合集,纵 27.3 厘米,横 19.5 厘米,共 8 期。现藏于河南博物院。

扫码观看视频

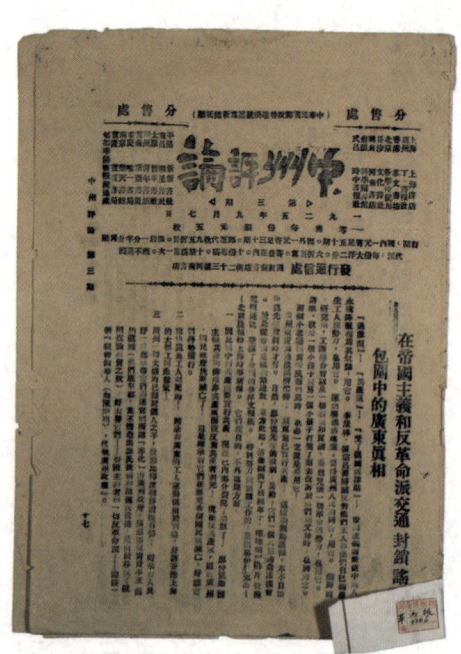

《中州评论》影印件

《中州评论》影印合集

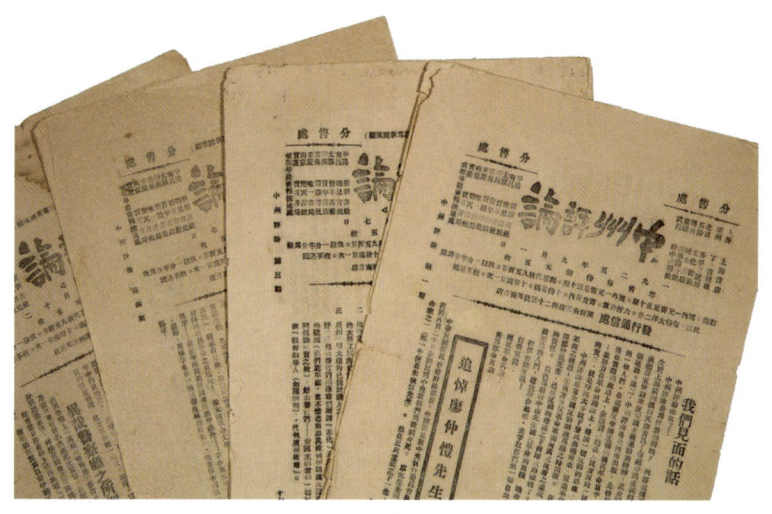

《中州评论》影印合集（局部）

　　《中州评论》是中共豫陕区委的机关刊物，由萧楚女担任主编。

　　萧楚女，湖北汉阳人，1922年加入中国共产党，曾参加过武昌起义、五四运动。他是中国共产党早期青年运动领导人之一，1927年被捕牺牲，年仅34岁。2009年被评为"100位为新中国成立作出突出贡献的英雄模范人物"。

　　1925年8月，萧楚女受共青团中央的派遣来到河南开封，于9月1日创办了我党在河南公开出版的第一个红色刊物《中州评论》。他与王若飞等人常用笔名在刊物上发表文章。1925年10月豫陕区委成立后,《中州评论》成为其机关刊物。1926年1月24日出版第12期后停刊。河南博物院藏的是1962年由河南人民出版社出版的影印合集,它长27.3厘米、宽19.5厘米,共8期,主要内容包括时事评、读者来稿和图书介绍等,以及纪念列宁逝世两周年特刊。

《中州评论》旗帜鲜明地进行革命教育宣传。正如萧楚女在创刊号上写道:"《中州评论》是在河南出版,是特别为河南人而办的。它将告诉河南的一切人们,在这个反帝国主义的国民革命当中,应有的责任,应有的工作……"《中州评论》在河南播下了革命的种子,对河南革命事业有着深远的影响。

《向导》周报

见证——中原红色文物故事

文物介绍

《向导》周报第一至第四集，纵26厘米，横18厘米，纸质，竖排版。现藏于河南博物院。

扫码观看视频

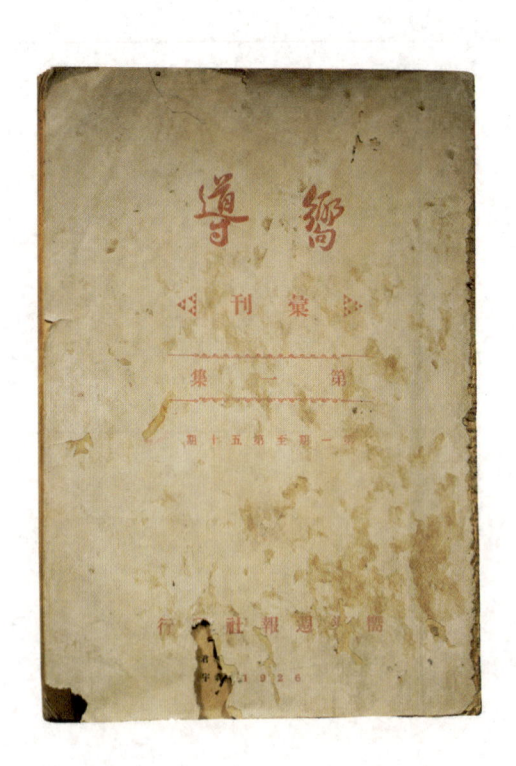

《向导》周报第一集

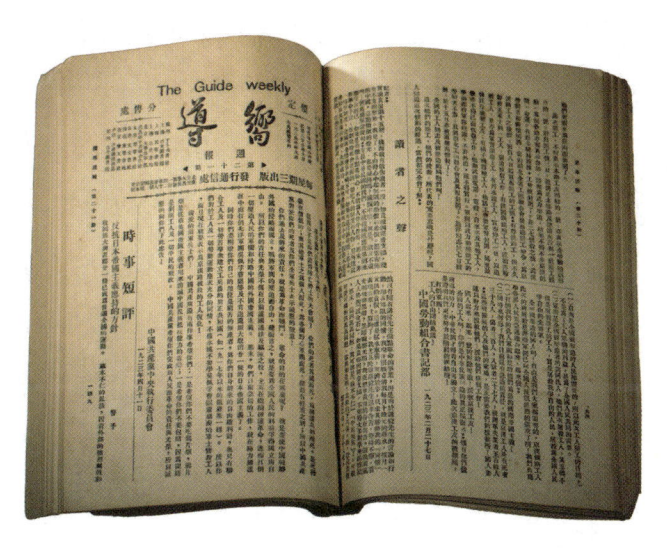

《向导》周报内文

蔡和森,湖南湘乡人,中国共产党早期领导人,无产阶级革命家、理论家和宣传家,是提出"中国共产党"这一名称的第一人。

1922年9月,由蔡和森主编的《向导》周报成为我党报刊史上第一份中央机关报。《向导》周报第一至第四集,长26厘米,宽18厘米,纸质,竖排版。刊名由陈独秀题写,重要撰稿人包括陈独秀、蔡和森、瞿秋白、毛泽东、周恩来及共产国际驻中国代表马林等人。《向导》周报系统地宣传了我党的民主革命纲领和党在第一次国共合作统一战线中的政策,报道了当时的工农运动情况,并对国民党右派活动进行了尖锐揭露与批判。

从1922年9月13日创刊到1927年7月18日停刊,共出201期,曾经是大革命时期国内最有影响力的刊物之一,在中国内地及香港地区,巴黎、东京等地设有30多个分销处,发行量最高时达10万份。1925年1月,中共四大明确肯定《向导》周报"是本党政策之指导机关"。作为首任主编的蔡和森,他的名字是与《向导》周报密不可分的。中共早期党员罗章龙回忆说:"在我们这一辈人中,只要一提到《向导》,就自然地把它与和森的名字联系在一起。他的贡献之大、影响之深,就可想而知了。"

《向导》周报第四集

《河南青年协社之宣言、总章、各项计划》

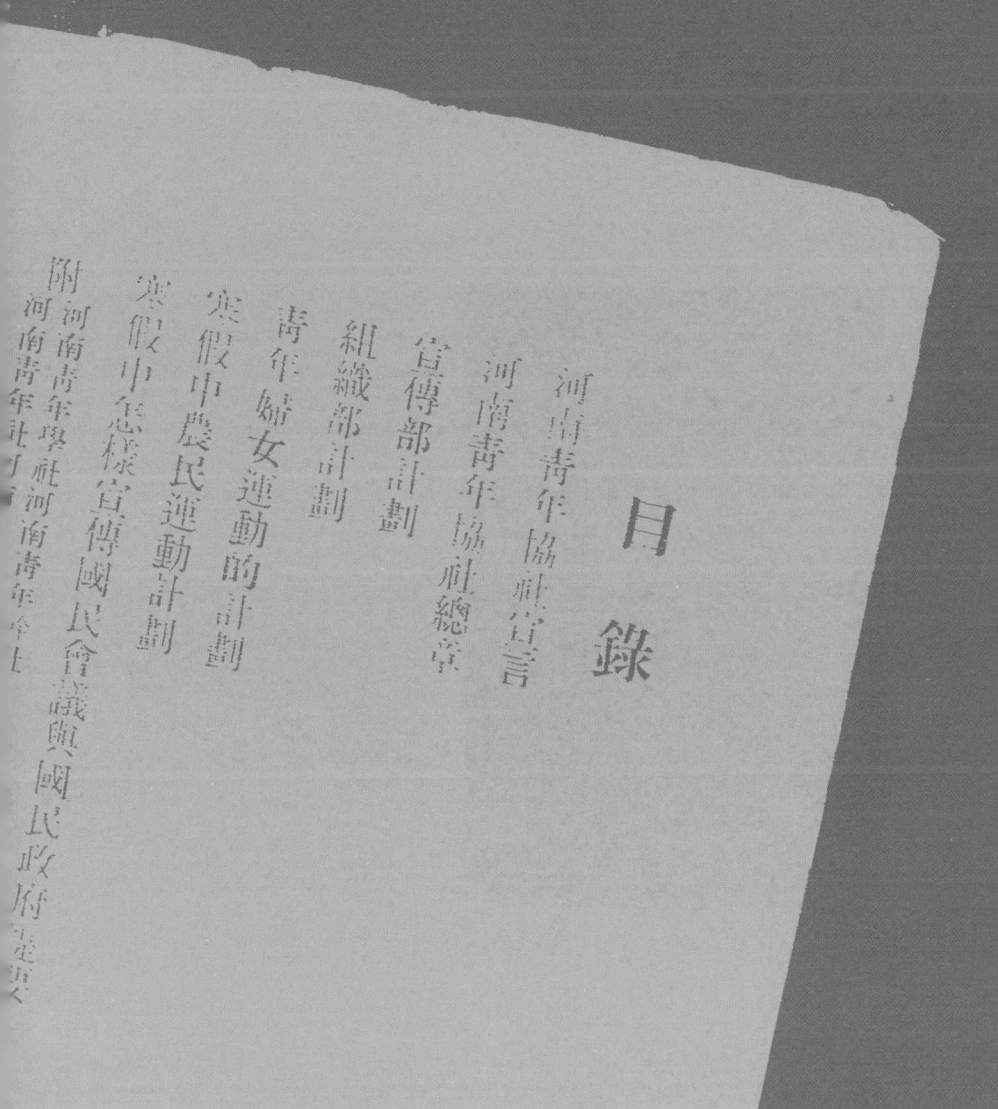

目錄

河南青年協社宣言
河南青年協社總章
宣傳部計劃
組織部計劃
青年婦女運動的計劃
寒假中農民運動計劃
寒假中怎樣宣傳國民會議與(國民政府
附 河南青年與社了河南青年令上

文物介绍

《河南青年协社之宣言、总章、各项计划》，纵 18 厘米，横 12.8 厘米，纸质，铅印，长方形，竖排版。封面印红字"河南青年协社之宣言、总章、各项计划，1926"。现藏于河南博物院。

扫码观看视频

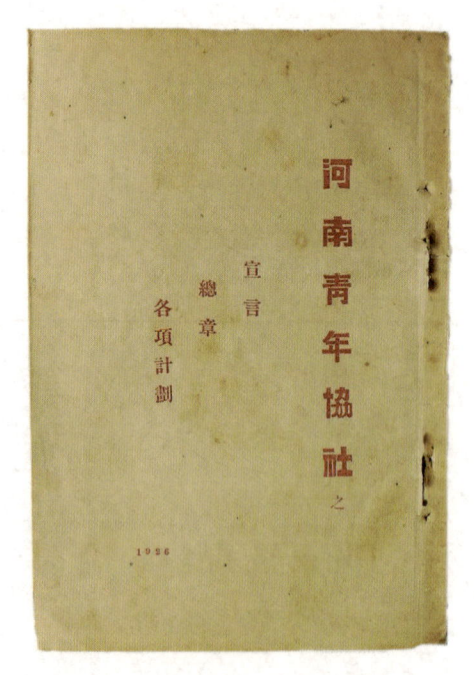

《河南青年协社之宣言、总章、各项计划》

《河南青年协社之宣言、总章、各项计划》

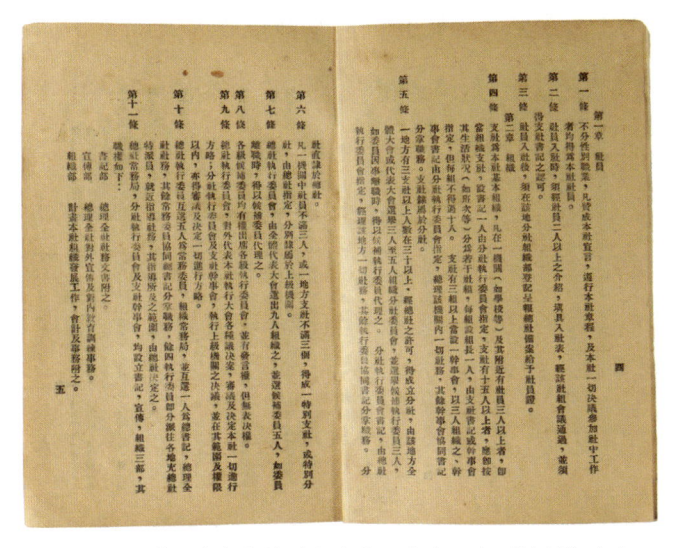

《河南青年协社之宣言、总章、各项计划》内文一

《河南青年协社之宣言、总章、各项计划》,是研究河南早期青年运动的重要文献。

20世纪20年代,河南涌现出四个有影响的进步青年组织,即青年学社、青年干社、青年社、青年救国团。它们以"打倒军阀""打倒帝国主义""中国民族解放万岁"等为口号,分别依托开封省立第一师范、开封省立二中、中州大学附中等在校学生开展革命活动。这四个青年组织的宗旨相同,在革命斗争中都作出了积极的贡献。

为了统一领导全省青年运动,1926年1月9日,在中共豫陕区委和共青团豫陕区委领导下，由四个青年组织合并的"河南青年协社"成立大会在中州大学举行，1600余人参会，省总工会、京汉铁路总工会、陇海铁路总工会以及荥阳、信阳等地农会和省妇女联合会等派代表到会祝贺。大会通过了宣言、总章和各项计划等。此后，协社创办了机关刊物《河南青年》，并在各地积极发展社员，深入厂矿农村，创办平民夜校、补习班，开展宣传教育活动，发展工会、农民协会，壮大了革命力量。

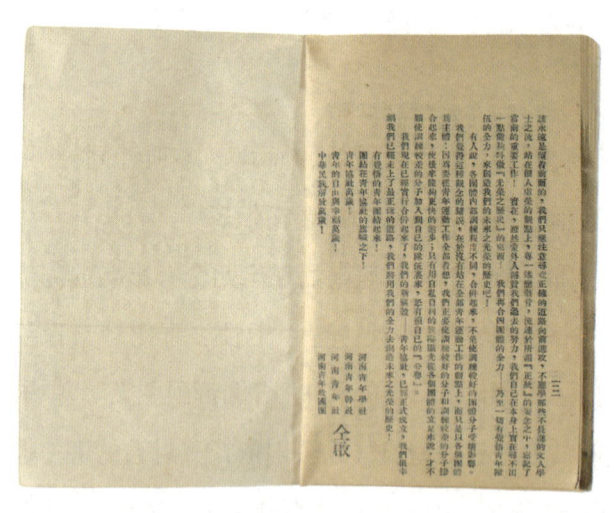

《河南青年协社之宣言、总章、各项计划》内文二

《国民革命军独立第十五师布告》和《河南宣传临时口号》

文物介绍

《国民革命军独立第十五师布告》,纵26.8厘米,横37厘米,长方形,石印,竖排版;《河南宣传临时口号》,纵24.9厘米,横35.5厘米,长方形,油印,竖排版。一级文物,现藏于河南博物院。

《国民革命军独立第十五师布告》

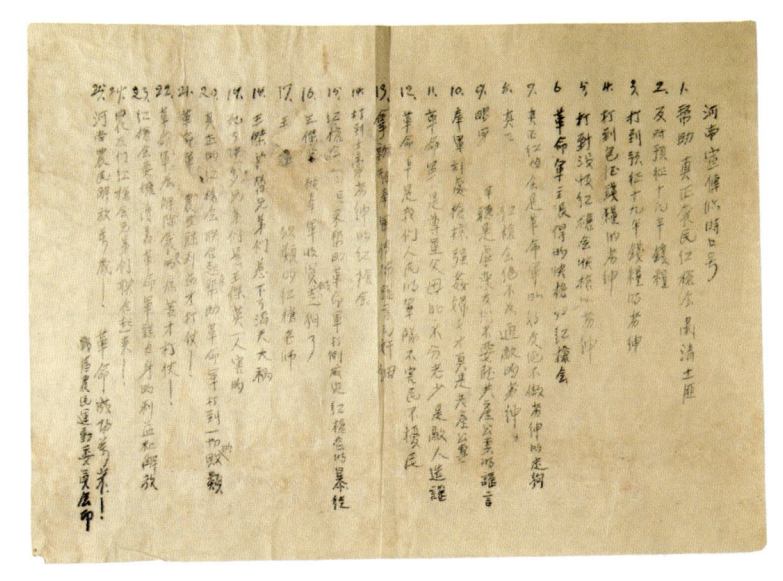

《国民革命军独立第十五师布告》和《河南宣传临时口号》

《河南宣传临时口号》

1980年10月，河南罗山涩港公社的群众在拆除旧房时，无意中发现了两件大革命时期的纸质文物，分别是《国民革命军独立第十五师布告》和《河南宣传临时口号》。

其中，《国民革命军独立第十五师布告》，纵26.8厘米，横37厘米，长方形，石印，竖排版；《河南宣传临时口号》，纵24.9厘米，横35.5厘米，长方形，油印，竖排版。经鉴定，它们是见证贺龙率部北伐进军河南的重要史料，均被定为一级文物。

1927年，蒋介石发动四一二反革命政变后，东南各省陷入白色恐怖,从东、西、南三面对武汉国民政府形成包围。北方的奉系军阀张作霖进占河南,窥视武汉。为了从军事上打破被围困的不利局面,在中国共产党的推动下,武汉国民政府决定继续北伐,于4月21日出动主力8万多人,沿京汉铁路北上进攻奉军。北伐军中,由贺龙任师长、中共党员周逸群任政治部主任的独立十五师重视政治教育,军纪严明,沿途秋毫无犯。在贺龙和周逸群共同签发的《国民革命军独立第十五师布告》以及战区农运委员会为配合北伐所印制的《河南宣传临时口号》中,强调"军纪格外严明""革命军是我们人民的军队,不害民不扰民",发挥了宣传革命主张、驳斥敌人散布的种种谣言、解除群众顾虑、支持革命的重要作用。

豫东农民暴动使用的大刀

文物介绍

这柄王复兴劈死反动县长用的大刀,通长 72 厘米,宽 7.5 厘米,铁质,配有木鞘。现藏于河南博物院。

扫码观看视频

豫东农民暴动使用的大刀(带鞘)

豫东农民暴动使用的大刀（去鞘）

　　第一次国共合作时期，中国共产党领导以河南杞县为中心的豫东农民，广泛建立和发展了党的组织和农民协会，积极发动农民武装起义，迎接北伐军进军河南。

　　这柄王复兴劈死反动县长用的大刀，通长72厘米，宽7.5厘米，铁质，配有木鞘。它曾是豫东农会开展革命斗争、反抗反动统治的武器。

　　1927年3月，中共杞县地方执行委员会书记吴芝圃，参加了中共中央在武汉召开的河南省武装农民代表大会后，带回关于发展河南农民武装力量、积极举行武装起义、响应北伐战争的重要指示。他在杞县、睢县、通许、陈留、太康等县秘密建立豫东农民自卫军。5月23日，为配合北伐军逼近漯河，豫东党组织领导发动农民暴动，起义武装一万多人攻克杞县县城，建立了革命政权——杞县临时治安委员会。随后，吴芝圃、王复兴等少数起义人员进入陈留县（今开封市陈留镇）劝降，不料陈留反动县长朱建中

杞县临时治安委员会旧址

突然反悔，欲行不义，王复兴当机立断，抽出随身携带的大刀，劈死朱建中，趁乱率部突出包围。之后，他们调动起义军，先后攻克睢县、通许、陈留等县城，有力地响应了北伐战争，显示出农民武装的强大革命力量，为中国共产党领导农运和发展革命积累了经验，奠定了群众基础。

红军颁发的土地使用证

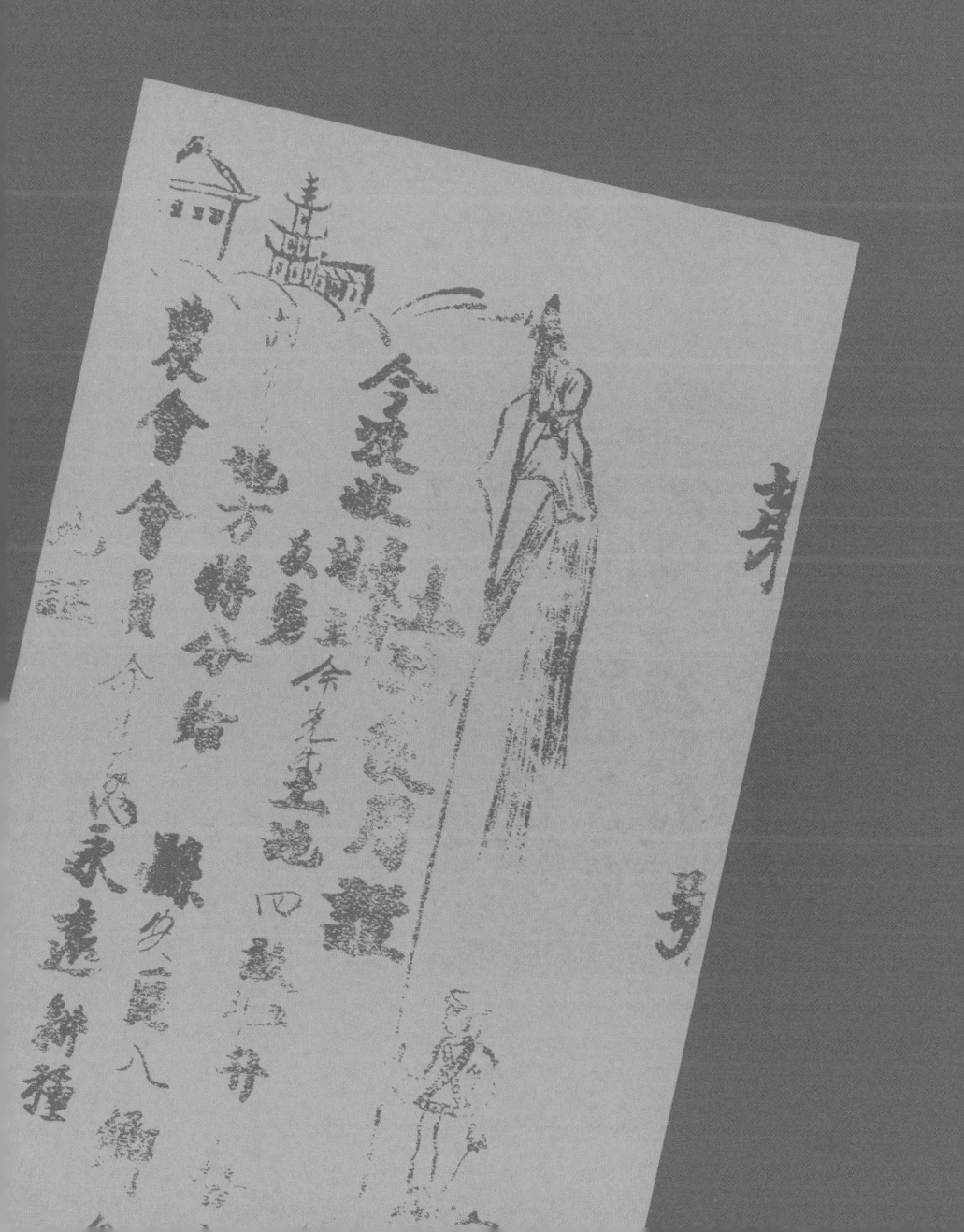

见证——中原红色文物故事

文物介绍

　　红军颁发的土地使用证,长方形,纵27厘米,横18.5厘米,纸质,木印黑字,墨书填写。现藏于河南博物院。

红军颁发的土地使用证

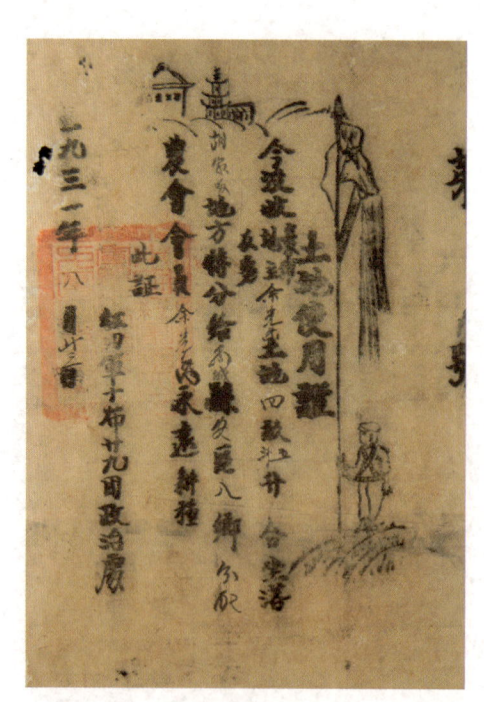

44

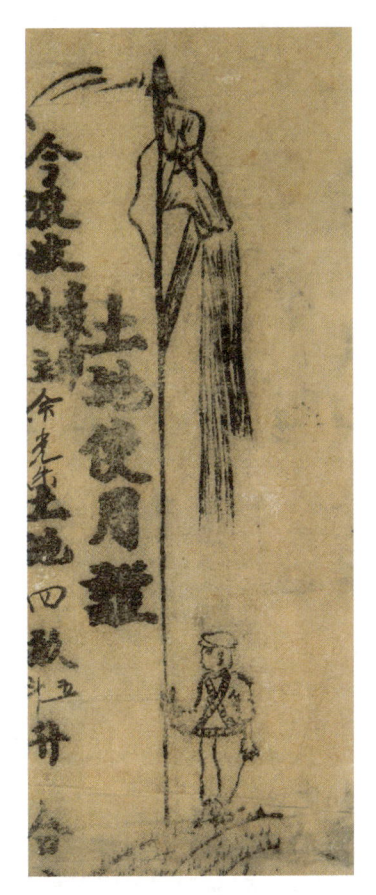

红军颁发的土地使用证

红军颁发的土地使用证（局部）

  1927年南昌起义和秋收起义之后，中国共产党转入农村实行工农武装割据。如何让农民在心理上接受和认同中国共产党，是我党在农村生存和发展的关键。只有解决与农民切身利益息息相关的土地问题，才能赢得广大群众的支持和拥护。正因为如此，

45

一场亘古未有的土地改革在中国共产党开辟的各个革命根据地如火如荼地展开了。

红四军十师二十九团政治处颁发给余光民的土地使用证，长方形，纵27厘米，横18.5厘米，纸质，木印黑字，墨书填写。通过鉴定确认，这件90多年前的土地使用证，是见证鄂豫皖革命根据地的红四军"打土豪分田地"开展土地革命的珍贵文物史料。土地使用证上清楚地写着：今没收反动地主豪绅余光朱土地四亩……特分给商城县……分配农会会员余光民永远耕种。落款：红四军十师二十九团政治处，一九三一年八月二十三日。并加盖红四军所部公章。证书上绘有的手执五角星红旗的战士以及田地、房舍的图画，象征着红军为广大农民守护着土地革命的成果。

革命根据地通过土地革命消灭封建剥削制度，改变极不合理的地权分配关系，实现农民千百年来要求获得土地的愿望，使广大农民的革命与生产热情空前提高，从而为根据地的经济建设以及革命政权的巩固与扩大奠定了坚实的基础。

红军的"油布票"

见证——中原红色文物故事

文物介绍

经济公社流通券壹串文布币,纵12厘米,横5.5厘米,白棉布质地,蓝油墨刻写,正楷体石印,整体泛油黄色。现藏于河南博物院。

扫码观看视频

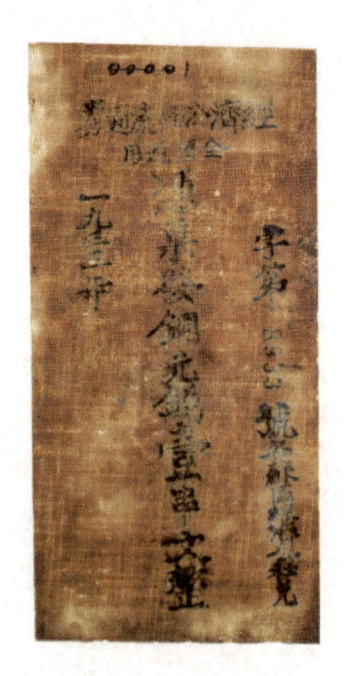

红军的"油布票"

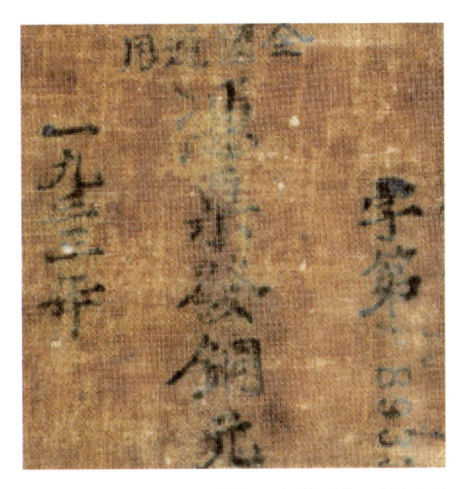

红军的"油布票"

红军的"油布票"（局部）

1930年冬至1932年6月，蒋介石先后调集重兵，对鄂豫皖革命根据地发动了三次大规模军事"围剿"，工农红军在根据地人民的大力支援下，粉碎了敌人的"围剿"，军事上取得了重大胜利。同时，根据地还千方百计突破敌人的重重封锁，在恢复经济方面取得了显著的成效，保障了红军的物质给养。

经济公社流通券壹串文布币，纵12厘米，横5.5厘米，白棉布质地，蓝油墨刻写，正楷体石印，整体泛油黄色。票面上方横印着"经济公社流通券""全国通用"字样，下面文字全为竖行排列，中间为"凭票发铜元钱壹串文整",右边为"字第 8933 号,各苏区经济公社兑",左边落款"一九三三年"。这是一张鄂豫皖苏维埃政权发行的布币。

　　鄂豫皖苏区经济公社在极端艰苦的条件下,以白棉布代替纸张,印发了"经济公社流通券"。之所以用棉布印制货币,是因为游击队在野外行军打仗,风里来雨里去,纸币被雨水浸湿后,往往变得破烂不堪,无法继续使用。所以,用白布印刷图文后,再刷上桐油制成油布币,经久耐用,群众也称之为"油布票"。这种"油布票"发行时间短暂,发行总量有限,存世量稀少,成为我党我军不懈坚持开展革命军事斗争和经济斗争的珍贵实物资料。

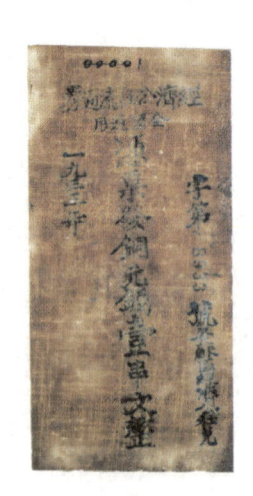

"油布票"制作过程

中华苏维埃共和国借谷票

文物介绍

　　中华苏维埃共和国借谷票，纵 7.5 厘米，横 10.4 厘米，毛边纸，正面印有"干谷壹百斤"红色字样，下有图文及印章；反面分为左右两联，有文字及印章。现藏于河南博物院。

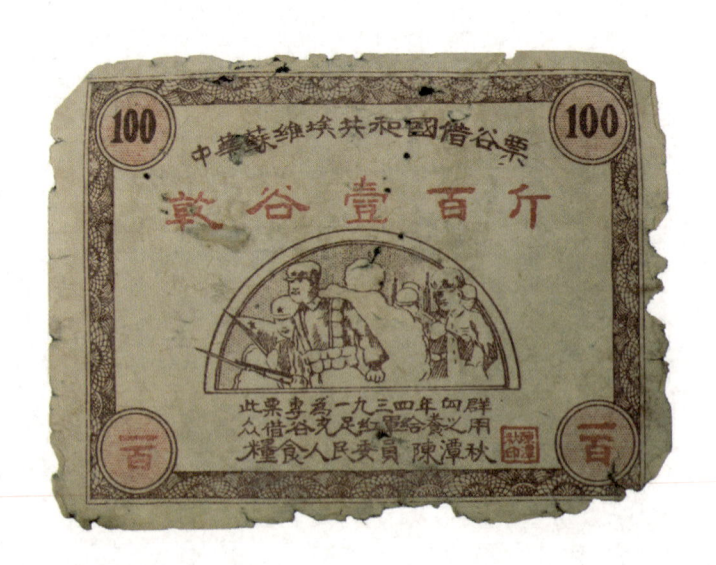

扫码观看视频

中华苏维埃共和国借谷票（正面）

中华苏维埃共和国借谷票

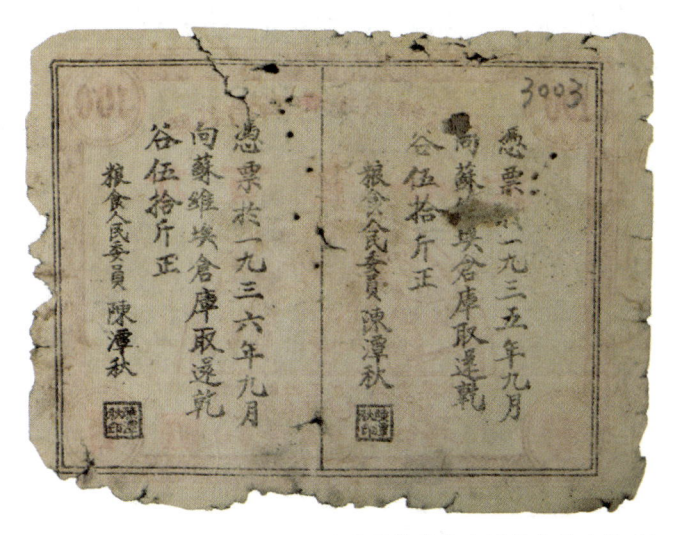

中华苏维埃共和国借谷票（反面）

1931年11月，中华苏维埃共和国临时中央政府在江西瑞金成立，毛泽东当选临时中央政府主席。为了解决中央革命根据地红军流动部队给养问题，临时中央政府决定发行一批借谷票，向地方群众借粮食，用以调剂红军给养。

中华苏维埃共和国借谷票，纵7.5厘米，横10.4厘米，毛边纸，正面印有"干谷壹百斤"，字样为红色，票面中央半圆形图案中绘持枪的红军战士，图下文字为"此票专为一九三四年向群众借谷充足红军给养之用　粮食人民委员　陈潭秋"，并有"陈潭秋印"正

53

方形红色印章，票的上下左右四角分别印有数字"100"和汉字"一百"。反面分为左右两联，分别为"凭票于一九三五（一九三六）年九月向苏维埃仓库取还干谷伍拾斤正　粮食人民委员　陈潭秋"，并有"陈潭秋印"正方形黑色印章。这些文字说明壹百斤借谷票分两年还清，每年还伍拾斤。群众凭此票取粮食时可将票沿背面的中竖线分裁成两张，分别使用。

在借谷票上署名的"陈潭秋"，是中共一大代表，1934年1月当选为中华苏维埃共和国临时中央政府粮食人民委员，负责苏区和红军的粮食供给工作。这件文物见证了中国共产党土地革命时期所经历的艰辛岁月和革命先辈们的丰功伟绩，是弥足珍贵的革命文物。

红二十五军长征中使用过的水桶

见证——中原红色文物故事

文物介绍

　　红二十五军长征中使用过的水桶，圆柱形，高40厘米，口径34厘米，由多块竹板拼合，以三圈铁箍加固而成，上部安装一铁条提手。现藏于河南博物院。

扫码观看视频

红二十五军长征中使用过的水桶

红二十五军长征中使用过的水桶

红二十五军长征中使用过的水桶（局部）

1934年11月，红二十五军从鄂豫皖革命根据地出发开始长征，战胜千难万险，率先到达陕北，被称为"北上先锋"。

红二十五军长征中使用过的水桶，圆柱形，高40厘米，口径34厘米，由多块竹板拼合，以三圈铁箍加固而成，上部安装一铁条提手。这只水桶看似普通，却见证了红二十五军长征途经河南桐柏时的一段军民往事。

1934年11月16日，红二十五军共2900余人，由河南罗山何家冲出发，向平汉铁路以西转移，开始长征。11月23日，部队行军至桐柏歇马岭暂时驻扎了下来。部队炊事班在岭下的可沟村做饭，并派一名红军战士向当地农户董老七借用这只水桶，用来向驻守岭上的部队配送饭食。当最后一次送饭到歇马岭半山腰时，邻近山间突然响起了枪声，眼看敌军就要追上来了，红军战士在这紧急的情况下，仍牢记"不拿群众一针一线"的军纪，在枪炮声中把水桶完好无损地归还给了物主董老七。红军远去了，但董老七和他的家人们却把这只水桶和它的故事一直流传下来，成为见证红二十五军军纪严明的珍贵物证。

红二十五军归还水桶

吉鸿昌烈士就义时穿的血衣

见证——中原红色文物故事

文物介绍

吉鸿昌烈士就义时穿的血衣,棉布质地,上面共有大小不等七片血迹。现藏于河南博物院。

扫码观看视频

吉鸿昌烈士就义时穿的血衣

吉鸿昌烈士就义时穿的血衣

吉鸿昌烈士

"恨不抗日死,留作今日羞。国破尚如此,我何惜此头!"这是抗日爱国将领吉鸿昌在就义前写下的诗句。

吉鸿昌烈士就义时穿的血衣,棉布质地,原为黄绿色军上衣,后被改为两块儿童裤料,分别为纵17.3厘米、横26.2厘米和纵27.3厘米、横15.5厘米,上面共有大小不等七片血迹。此衣由吉鸿昌夫人胡红霞送往吉鸿昌原籍扶沟县亲戚家保管。亲戚因家贫将该衣改作他用,后被发现,由扶沟县文教系统征集。血衣已成为吉鸿昌革命精神的历史见证。

吉鸿昌，抗日英雄，爱国将领，2009年被评为"100位为新中国成立作出突出贡献的英雄模范人物"，2014年9月1日，被列入民政部公布的第一批300名著名抗日英烈和英雄群体名录。

1895年10月18日，吉鸿昌出生于河南省扶沟县吕潭镇的一个贫苦农民家庭，不满18岁便参军入伍。1931年，任国民党第二十二路军总指挥的吉鸿昌受令"围剿"鄂豫皖革命根据地，吉鸿昌不愿执行"中国人打中国人"的政策，为此，他被撤销职务，被迫"出国考察实业"。

在美国，吉鸿昌饱尝了外国人歧视中国人的滋味。有一次，吉鸿昌去一家邮局邮寄衣物，邮局职

吉鸿昌烈士故居

员竟说不知道中国在哪里,同行的特务竟让吉鸿昌说自己是日本人。有着强烈民族自豪感的吉鸿昌听在耳里,痛在心头,深深感到祖国贫穷软弱,靠国民党政府不可能强盛起来,只有跟着有坚定信念的共产党走,中国才能得救。1932年,吉鸿昌秘密回国,在上海找到共产党地下组织,表达他立志跟党抗战的决心。同年深秋他加入中国共产党。1933年5月,他与冯玉祥等组织察哈尔民众抗日同盟军,任第二军军长。他变卖家产6万元购买枪械,组织武装抗日。同年6月20日,吉鸿昌就任同盟军北路前敌总指挥,相继攻克康保、宝昌、沽源及塞外重镇多伦。经过两个多月的浴血奋战,察哈尔省全境收复,这是自九一八事变以来,中国军队从侵华日军手中收复的第一片国土。

1933年10月,吉鸿昌回到天津,他在法租界的家成为中共的秘密活动联络站,同时,他的积极活动引起了国民党的注意。1934年11月9日,正当吉鸿昌与爱国人士举行秘密会议时,暗藏的国民党特务突然向他开枪,吉鸿昌受伤被捕。11月24日,他被杀害于北平(今北京)陆军监狱,年仅39岁。

在就义前的几个小时,他留下了一封革命遗书,里面对夫人写道:"夫今死矣!是为时代而牺牲。"而后留下了浩然正气的绝命诗:"恨不抗日死,留作今日羞。国破尚如此,我何惜此头!"当特务在吉鸿昌面前颤抖着举起枪时,他振臂高呼:"中国共产党万岁!""打倒日本帝国主义!""中国革命万岁!"

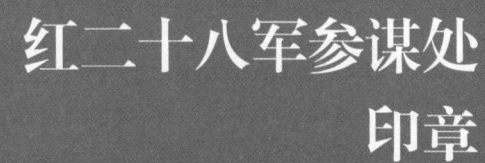

红二十八军参谋处印章

文物介绍

红二十八军参谋处印章,木制,椭圆柱形,高3.8厘米,横5.3厘米,纵3.6厘米,朱文小篆印文,分内外两区,外区旋读为"中国工农红军第四方面军第二十八军",内区横读为"参谋处"。现藏于河南博物院。

扫码观看视频

红二十八军参谋处印章

红二十八军参谋处印章

红二十八军参谋处印章底部文字

土地革命战争时期，中国共产党领导创建了以大别山为中心的鄂豫皖革命根据地，包括鄂豫皖三省20余县，最大控制面积达4万余平方公里，人口约350万，成为仅次于中央苏区的全国第二大革命根据地。这里是中国工农红军的诞生地之一，先后诞生了红四方面军、红二十五军、红二十八军三支主力红军。

红二十八军参谋处印章，木制，椭圆柱形，高3.8厘米，横5.3厘米，纵3.6厘米，朱文小篆印文，分内外两区，外区旋读为"中国工农红军第四方面军第二十八军"，内区横读为"参谋处"。现藏于河南博物院的这枚木质印章对研究红二十八军军史和鄂豫皖根据地历史有十分重要的意义。

67

1932年10月至1934年11月，鄂豫皖的主力红军红四方面军和红二十五军相继奉命离开根据地后，1935年2月，根据地党委整合留下的部队，又组建了红二十八军。高敬亭任政治委员，率全军1000余人，面对人数是我军数十倍的敌军，在补给极度匮乏、长期同上级领导和友邻部队失去联系的艰难处境下，孤军奋战在大别山。这支军队一直坚持到1937年秋国共合作，被改编为新四军四支队挺进皖东抗日。红二十八军是大别山28年红旗不倒革命精神的重要代表。

红二十八军军政旧址

刘少奇送给王国华的公文包

见证——中原红色文物故事

文物介绍

　　刘少奇送给王国华的公文包,长方形,厚 4 厘米,纵 25 厘米,横 36 厘米,黑色皮质。现藏于河南博物院。

扫码观看视频

刘少奇送给王国华的公文包

刘少奇送给王国华的公文包

刘少奇送给王国华的公文包（局部）

刘少奇送给王国华的公文包，长方形，厚4厘米，纵25厘米，横36厘米，黑色皮质，是见证刘少奇与王国华在竹沟共同工作战斗的实物。

王国华，河南确山人，出生于贫苦农民家庭，1927年参与领导确山秋收起义，1932年2月加入中国共产党。1933年，王国华赴江西瑞金参加中华苏维埃第二次全国代表大会时，毛泽东对王国华办过红枪会表示赞赏，题写了"党不离枪"四个字送给他。1934年，王国华回到河南，积极发动群众，组织农民武装，参与创立以确山竹沟为中心的革命根据地。

王国华年轻时就蓄下胡子，借此掩饰年龄、身份，加上一身的农民打扮，人们都称他为"王老汉"。"王老汉"名震豫南，土豪劣绅谈之色变。全民族抗战爆发后，中共中央决定在竹沟成立中共中央中原局，刘少奇、李先念、彭雪枫等同志相继来到竹沟，领导开展中原地区的敌后游击战争。土生土长的王国华利用在当地的影响力，积极联络动员大量自发的地方武装，整编加入了新四军，刘少奇幽默地称赞他是"改造土匪的博士"。

新中国成立后，王国华谢绝党中央留他在中央工作的建议，回到家乡河南工作，直至1970年去世，终年80岁。去世之前，他对儿子们说："永远不要忘记过去，不要忘记光辉的革命历史。"

确山秋收起义旧址

《长征 25000 里》

见证——中原红色文物故事

文物介绍

《长征25000里》,纵16.8厘米,横11.8厘米,出版于1939年。现藏于河南博物院。

扫码观看视频

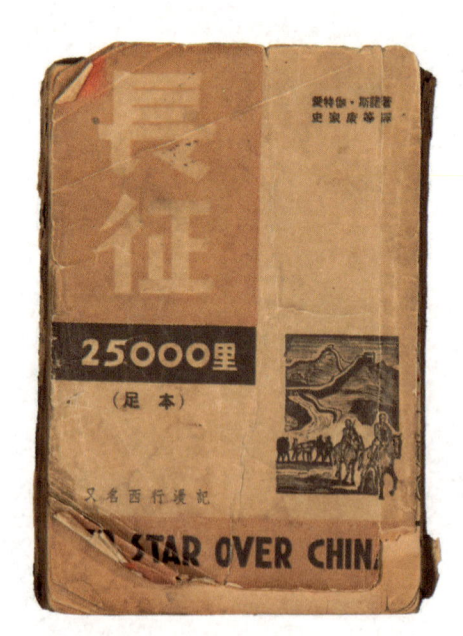

《长征25000里》

《长征 25000 里》

《长征25000里》封面（局部）

  1936 年 6 月，在友人的帮助下，美国记者埃德加·斯诺冒着生命危险，穿越封锁，来到中国陕北革命根据地，开始了解中国共产党人的生活经历和革命精神，成为第一个采访红军和西北根据地的西方记者。斯诺采访了毛泽东、周恩来、彭德怀、林伯渠、邓发、徐海东等，仔细描述他们的言谈举止，追溯他们的家庭环境和青少年时代，搜集关于二万五千里长征的第一手资料，试图从其出身和成长经历中，找寻他们成为共产党人的原因。毛泽东头戴八角帽的照片，就是斯诺拍摄的。此外，斯诺还深入红军战士和根据地老百姓之中，对共产党的基本政策、军事策略、红军战士的生活以及陕北根据地的社会制度、货币政策、工业和教育等情况做了广泛的调查和记录。1936年10月,斯诺回到北平后,为英美报刊撰写了许多篇通讯报道,苏区的真实报道立即轰动一时。随后,他把这些文章汇编成书,取名为《长征25000里》,这本书又名《红星照耀中国》或《西行漫记》。

《拂晓报》合订本

文物介绍

《拂晓报》合订本,纵 39 厘米,横 27.5 厘米,长方形,新闻纸,竖排版,油印。现藏于河南博物院。

扫码观看视频

《拂晓报》合订本

《拂晓报》合订本

《拂晓报》合订本内文

在20世纪40年代的淮北大地上,有这样一首歌谣:"彭雪枫,到路东,好似桃花遍地红。扛起扁担拿起枪,跟着雪枫闹革命。"根据歌词,我们知道,这首歌谣表达的是当地老百姓对彭雪枫将军的赞赏和拥护。

彭雪枫,1907年出生于河南镇平,1925年在北京育德中学学习期间,受进步教师的影响,学习《新青年》《共产党宣言》《独秀文存》等进步书刊,坚定了革命的信念。同年6月下旬,他加入中国共产主义青年团,1926年9月转为中国共产党党员。他曾

见证——中原红色文物故事

参加过第三、第四、第五次反"围剿",在长征中屡建战功。全民族抗战爆发后,他负责组建新四军游击支队,领导开辟豫皖苏边区抗日根据地。

1938年9月,在河南竹沟,彭雪枫发动群众找到两支铁笔、两块钢板、两桶油墨、一把油刷、一块木板和半筒"高乐牌"蜡纸,就靠这些办起了《拂晓报》。他亲自为报头题字,为创刊号撰写发刊词《拂晓报——我的良师》。"拂晓代表着朝气、希望、革命、勇进、迈进有为、胜利就要到来的意思……拂晓催我们斗争,拂晓引来了光明。"

初期,《拂晓报》的读者主要是新四军游击支队

艰苦办报

指战员，随着根据地的发展，深受大众喜爱，甚至传播到了延安和国统区。其在打击敌人，教育群众，宣传党的路线、方针、政策，推动我党领导的各项工作方面，做出了巨大的贡献。《拂晓报》、骑兵团、拂晓剧团被誉为彭雪枫的"三件宝"。

1941年皖南事变后，彭雪枫任新四军第四师师长，先后领导了1942年淮北反"扫荡"和1943年山子头战役，取得了胜利，巩固和发展了淮北抗日根据地。

1944年9月11日，彭雪枫在抗日前线指挥作战时，不幸身中流弹，壮烈殉国，年仅37岁。毛泽东、朱德等中央领导人手书挽联，高度赞扬彭雪枫"为革命奋斗，替人民服务""功绩辉煌，一世忠贞"，号

《拂晓报》千期纪念

召军队和人民继承烈士遗志，为实现全中国的彻底解放而斗争。1946年《拂晓报》1000期后，中共中央决定将其改名为《雪枫报》，以纪念抗日牺牲的彭雪枫同志。这位中国无产阶级革命家、军事家，中国工农红军和新四军杰出的指挥员，是抗日战争中新四军牺牲的职级最高的将领之一，被毛泽东誉为"共产党人的好榜样"。

《雪枫报》

《悼念新四军第一总队队长
鲁雨亭同志文集》

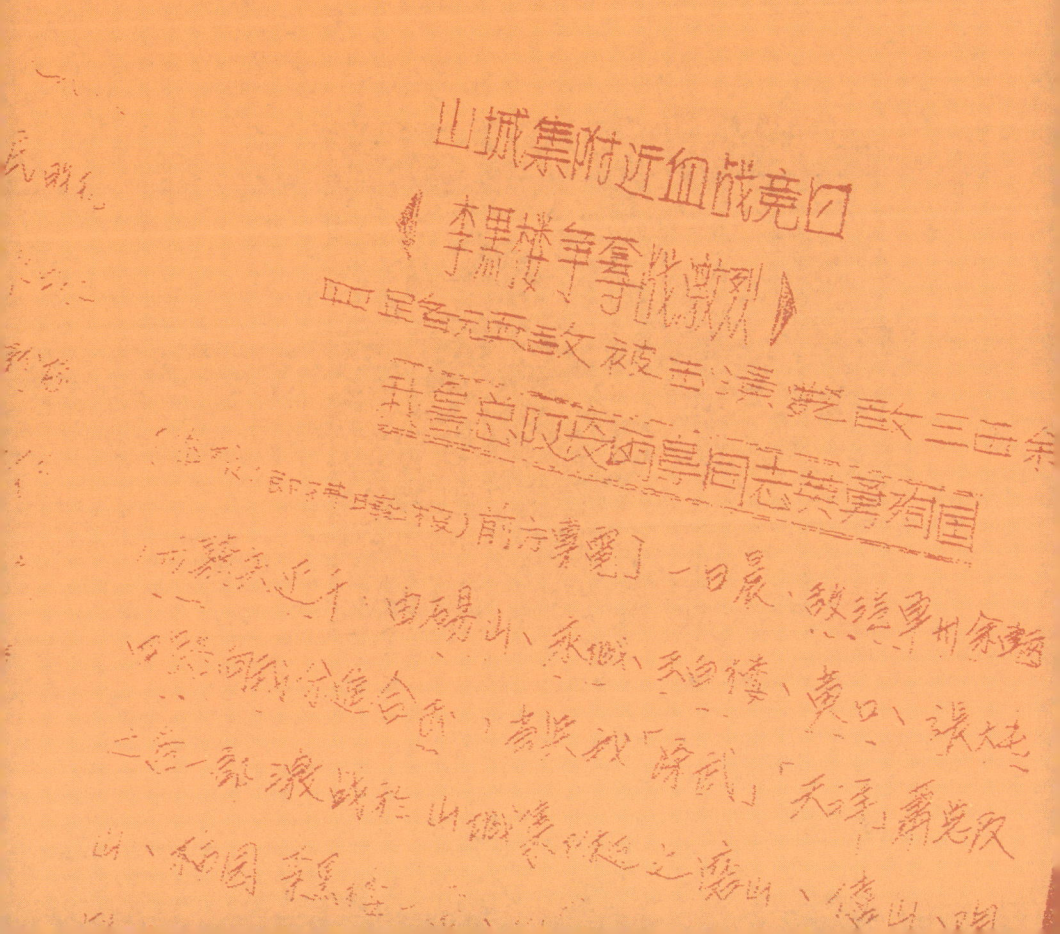

文物介绍

《悼念新四军第一总队队长鲁雨亭同志文集》，长方形，纵19.1厘米，横13.5厘米，油光纸，横排版，线装。现藏于河南博物院。

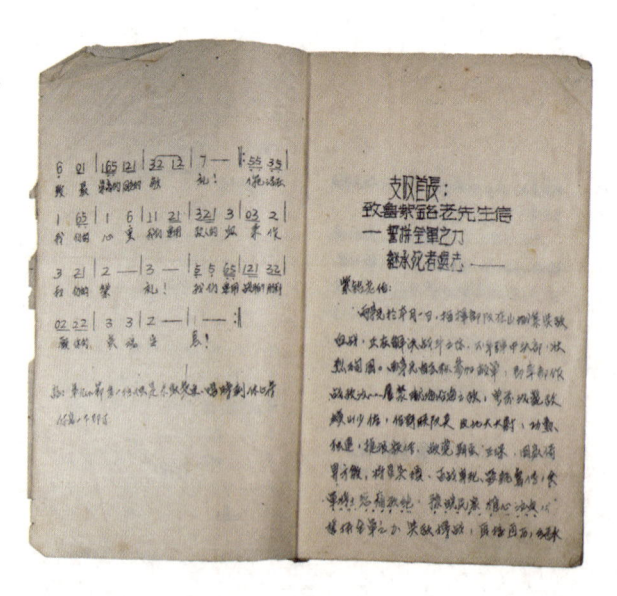

扫码观看视频

《悼念新四军第一总队队长鲁雨亭同志文集》内文

《悼念新四军第一总队队长鲁雨亭同志文集》

悼念鲁雨亭同志的挽歌

《悼念新四军第一总队队长鲁雨亭同志文集》，长方形，纵19.1厘米，横13.5厘米，油光纸，横排版，线装。内有悼念鲁雨亭同志的挽歌、彭雪枫悼词、党政军委员会关于纪念鲁雨亭殉国决定、鲁雨亭入党申请书及家书等重要文献。

鲁雨亭，河南永城人，少年时期立下了"惠我贫邻"的志愿。1920年，鲁雨亭从河南宏威士官学校毕业后，曾任武安县县长，国民党四十一军驻南京办事处处长、军长代表，永城县县长等职。抗日战争全面爆发后，鲁雨亭率部下顽强抵抗日军的进犯。永城沦陷后，鲁雨亭变卖家产，发动乡邻，在家乡永城组建抗日游击队。

1939年1月，彭雪枫率领新四军游击支队东进豫皖苏开辟抗日根据地。鲁雨亭主动建立联系,请求将永城游击队编入新四军,他说:"要救国救民及达到世界人类真正的和平与幸福,自己只有站在马克思、列宁的旗帜下,坚决服从共产党的领导,才能为国为民建功立业。"1939年8月,鲁雨亭率部近千人正式改编为新四军游击支队第一总队,鲁雨亭担任总队长,9月加入中国共产党。1940年4月1日,日军出动步骑兵3000余人疯狂进攻芒砀山区,鲁雨亭身先士卒与敌浴血激战,不幸中弹,壮烈牺牲,时年40岁。

鲁雨亭与敌人浴血激战

《地雷的制造、安装与伪装法》小册子

见证——中原红色文物故事

文物介绍

《地雷的制造、安装与伪装法》小册子，长方形，纵 19 厘米，横 11.5 厘米，铅印，新闻纸，线装成册。现藏于河南博物院。

《地雷的制造、安装与伪装法》小册子

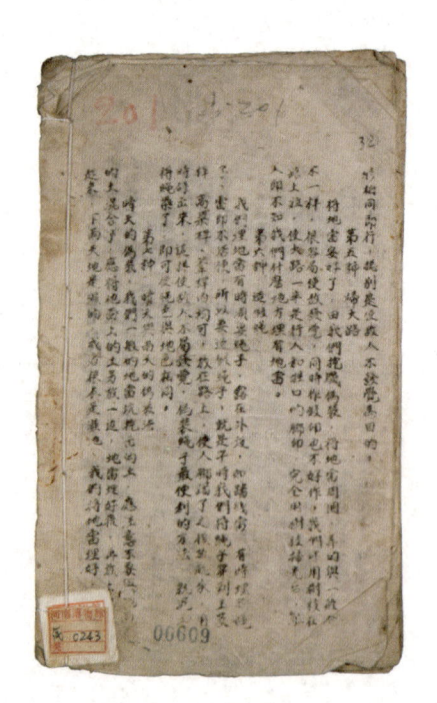

《地雷的制造、安装与伪装法》小册子

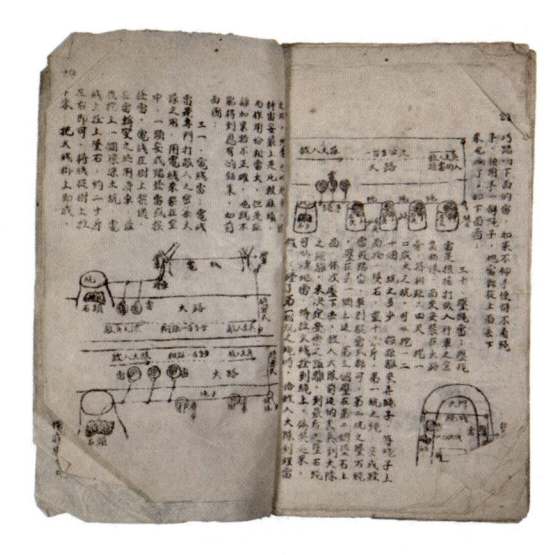

《地雷的制造、安装与伪装法》内文

抗战时期,身处敌人后方的广大抗日军民积极开展游击战争,并在战争中不断学习,总结提高,创造了"破袭战""地雷战""地道战""麻雀战"等各种因地制宜的新战法,使日军完全陷入了人民战争的汪洋大海。

《地雷的制造、安装与伪装法》小册子,长方形,长19厘米,宽11.5厘米,铅印,新闻纸,线装成册。这本小册子是当时制造地雷、石雷的详细说明,主要内容包括地雷的造法、用法、功能等。

1939年,八路军山东纵队依据手榴弹原理开始研制地雷，在较短时间内制造出了 10 公斤的拉发式地雷。到 1941 年，八路军军工部共制造了 1 万余枚各式地雷，源源不断地运往抗日战场，收效甚大。同年 3 月起，八路军各军区开办了多期地雷培训班，并编写下发了《地雷制造使用法》等小教材。聂荣臻曾亲自为战士们讲了一堂地雷战术课。很快，在华北掀起了一场大规模的"地雷热"。美国记者哈里逊·福尔曼在《来自红色中国的报告》一书中，就记述了"村村会造雷、户户有地雷"的场景。地雷常被抗日军民诙谐地称为"铁西瓜"，它不仅体现出抗日军民的智慧与斗争经验，更印证了毛泽东所说的"战争的伟力之最深厚的根源，存在于民众之中"。

八路军各军区开办地雷培训班

诞生于抗日烽火中的
《冀鲁豫日报》

文物介绍

　　《冀鲁豫日报》合订本，长方形，纵38.5厘米，横27厘米，新闻纸，铅印，线装订，竖排版。现藏于河南博物院。

扫码观看视频

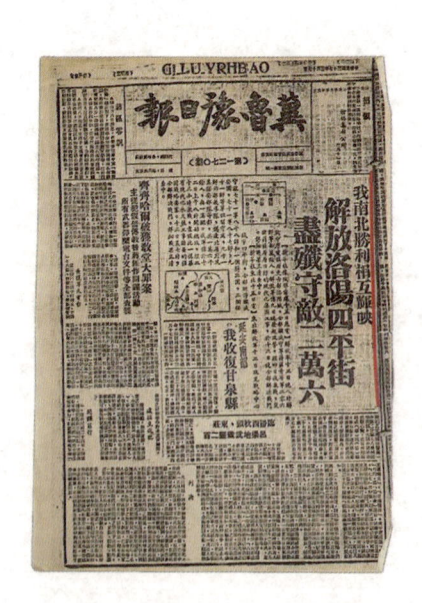

《冀鲁豫日报》

诞生于抗日烽火中的《冀鲁豫日报》

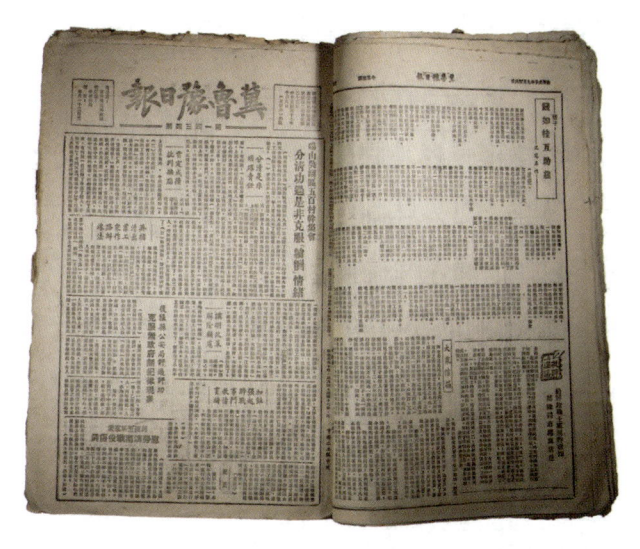

《冀鲁豫日报》合订本内文

1940年4月,党领导冀鲁豫三省人民初步建立了冀鲁豫边区抗日根据地。1941年,冀鲁豫边区在进入艰苦时期的形势下,边区党委亟待主办一份大型日报,以加强对抗日军民的宣传和工作指导。《冀鲁豫日报》在抗日烽火中诞生了。

《冀鲁豫日报》合订本,长方形,纵38.5厘米,横27厘米,新闻纸,铅印,线装订,竖排版。1941年8月1日,作为冀鲁豫区党委机关报的《冀鲁豫日报》创刊,它以群众喜闻乐见的形式,积极宣传党的政策,报道国内外反法西斯战争的进展、边区各项工作的成就和经验,以及英雄模范人物的事迹。

抗战时期以及解放战争中,《冀鲁豫日报》办报环境相当困难,工作常常在山洞或地下室进行,伙食只有高粱,照明只有油灯,机器靠人力摇动。但报社全体同志始终保持着高昂的斗志和饱满的热情。编辑部负责版面,再交石印技师转成药纸版,交给交通员,交通员通过敌人封锁线分送各地印刷厂,各厂印好报纸后,由当地交通人员"随印随发"。在战乱动荡中,报社虽经历频繁转移,仍坚持做到"每天有报,期号相连不断"。至1949年新中国成立前夕并入《平原日报》,经历硝烟的《冀鲁豫日报》8年共计出版1742期,圆满完成了党和人民赋予的使命。

冀鲁豫日报社常常在山洞或地下室办报

皮定均转战豫西时使用的毛毯

文物介绍

皮定均转战豫西时使用的毛毯，长方形，长214厘米，宽138厘米，羊毛织成，有污渍，灰白色已泛暗黄，带若干黄色纵横条纹，多处磨损。现藏于河南博物院。

扫码观看视频

皮定均转战豫西时使用的毛毯

皮定均转战豫西时使用的毛毯

皮定均,安徽金寨人,1931年加入中国共产党,参加过长征、抗日战争、解放战争和抗美援朝战争,是中国人民解放军杰出将领。

皮定均转战豫西时使用的毛毯,长方形,长214厘米,宽138厘米,羊毛织成,有污渍,灰白色已泛暗黄,带若干黄色纵横条纹,多处磨损。

1944年4月,日本为挽回太平洋战场失利的局面,决定打通中国内地的南北交通线,大举发动河南战役。40万国民党军全线溃败,37天丢掉38座城镇,豫西大部沦入日军之手。危难之时,党中央决定从太行军区抽调部队,于9月组成八路军豫西抗日先遣支队,由皮定均任司令员。年仅30岁的皮定均临危受命,他与政委徐子荣率部迅速南下抢渡黄河,挺进豫西。

豫西抗日先遣支队司令部旧址

皮定均率部驰骋豫西大地，独立奋战3个多月，先后作战100余次，解放群众100多万人，建立起嵩山、箕山两个专署和偃师、伊川、登封、密县等10个抗日政府和伊洛办事处，初步形成以嵩山为中心的抗日根据地。皮定均每次指挥战斗都镇定自若、有勇有谋，皮徐支队不畏强敌、敢打敢拼，在豫西威名远扬，开辟的豫西抗日根据地成为全国19块敌后抗日根据地之一，为河南抗战打开了新局面。

豫西抗日根据地纪念馆

艾文谦烈士的血衣

文物介绍

艾文谦烈士的血衣，棉布质地，蓝色无袖上衣，长 56.5 厘米，领口及后背处有大片血迹。现藏于河南博物院。

扫码观看视频

艾文谦烈士的血衣（正面）

艾文谦烈士的血衣

艾文谦烈士的血衣（背面）

1944年，日军发动河南战役。7月25日，中共中央发布向河南敌后进军的命令。9至11月，八路军豫西抗日先遣支队、河南军区和河南人民抗日军等抗日武装先后进驻豫西，打击日伪势力，开辟抗日根据地。八路军豫西抗日游击第四支队的艾文谦在家乡禹县玩花台，参与建立了禹县第六区抗日人民政府，为抗日革命斗争付出了年轻的生命。

艾文谦烈士的血衣，棉布质地，蓝色无袖上衣，长56.5厘米，领口及后背处有大片血迹，为艾文谦烈士就义时穿着，后被烈士的妻子保存下来。

1945年7月，玩花台区的主力为配合皮定均率领的主力部队，被抽调至密县歼灭日军，区政府驻地只有肖戴天、艾文谦等30多人负责留守，坚持工作。7月28日凌晨，区政府突遭国民党反动派保安团500多名匪徒的包围和袭击，区政府留守人员与敌人展开殊死搏斗。为掩护战友突围，肖戴天战斗到最后一刻，直至弹尽牺牲，时年22岁。艾文谦受伤被捕，受尽酷刑，但他坚守信仰，不向敌人透露党的任何秘密，8月1日英勇就义，年仅21岁。在玩花台战斗中，共有7位青年献出了自己宝贵的生命，"玩花台七烈士"的革命事迹是今天青少年进行理想信念教育的生动教材。

黄河葫芦

文物介绍

"黄河葫芦"是刘邓大军渡黄河时用的葫芦,直径20厘米,高24厘米,外表捆扎有多道绳索。现藏于河南博物院。

扫码观看视频

黄河葫芦

黄河葫芦

抗战胜利后,国民党为维持其反动统治发动了全面内战,河南成为解放战争的主要战场之一。1947年6月3日,中共中央电令刘伯承、邓小平率领的晋冀鲁豫野战军主力,积极准备突破黄河,挺进中原。刘邓大军渡黄河时用的葫芦,直径20厘米,高24厘米,外表捆扎有多道绳索。

葫芦是北方常见的植物,黄河沿岸老百姓就地取材,既可把它投入河中用于观察水情,又可将四五个葫芦绑在一起后,制作成泅渡的漂浮工具。为保障大军主力强渡黄河成功,1947年6月27日,前锋部

"黄河葫芦"上的绳索

105

队分四路,利用葫芦舟先行秘密渡过了黄河,分头赶往南岸的敌军据点周边设伏。6月30日夜,大军主力在部分河段渡口巧施妙计:给几千个葫芦戴上钢盔,系上装满红水的猪尿泡和猪肠子,再坠上小石块,投入河中。夜色苍茫的河面上,那些漂浮的葫芦如同一个个战士在泅渡。对岸敌人不知是计,疯狂射击,河水中"血肉翻滚",敌军误以为我军伤亡惨重,随即暴露了火力。刘邓大军避实击虚,乘机强渡,12万将士一举突破黄河天险,为千里跃进大别山迈出胜利的第一步,揭开了解放战争战略进攻的序幕。看似寻常的"黄河葫芦",立下了赫赫战功。

战士们将葫芦投入黄河

新洛阳报社编印的
《目前形势和我们的任务》

文物介绍

新洛阳报社编印的《目前形势和我们的任务》,长方形,纵17.5厘米,横12厘米,纸质,铅印,32开。现藏于河南博物院。

扫码观看视频

新洛阳报社编印的《目前形势和我们的任务》

新洛阳报社编印的《目前形势和我们的任务》

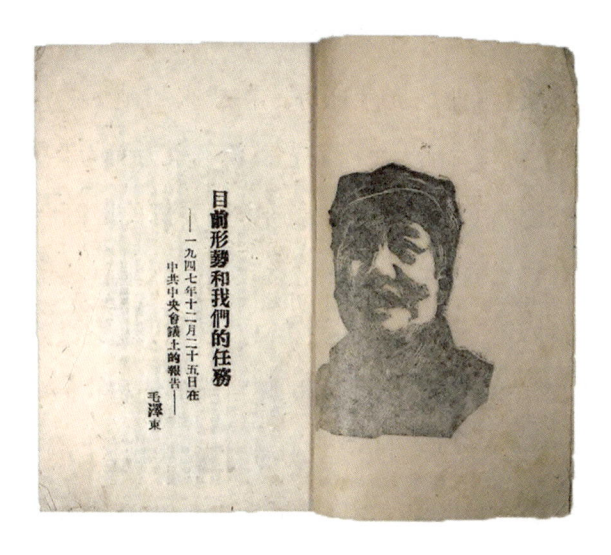

《目前形势和我们的任务》内文

  1947年12月25日，在陕北米脂中共中央扩大会议上，毛泽东向大会作《目前形势和我们的任务》的报告时，开门见山地大声宣告"中国人民的革命战争，现在已经达到了一个转折点"，此时，会场响起了热烈的掌声。随后，毛泽东在报告中正确分析和总结了两年来解放战争的形势，提出了转入战略进攻后需要解决的政治、经济、军事等方面的政策问题。

  新洛阳报社编印的《目前形势和我们的任务》，长方形，纵17.5厘米，横12厘米，纸质，铅印，32开。新洛阳报社成立于1948年4月洛阳解放之际，

109

肩负着为我党探索城市办报方向、动员民众参与全国解放事业的光荣任务。在战火和硝烟之中,新洛阳报社以"凡人民所需者,莫不全力而为"为办社方针,创办了河南省第一家地方党委机关报《新洛阳报》。同时,为扩大宣传我党大政方针,报社编印出版了多种政治读本,满足了解放战争快速发展的新形势需求。新洛阳报社编印的《目前形势和我们的任务》,为广泛宣传中国共产党在整个解放战争期间的纲领、政策发挥了重大作用,更见证了河南文化出版事业的新生。

新洛阳报旧址纪念馆

孙卫和侦察敌情时用的
记录本、大褂、墨镜

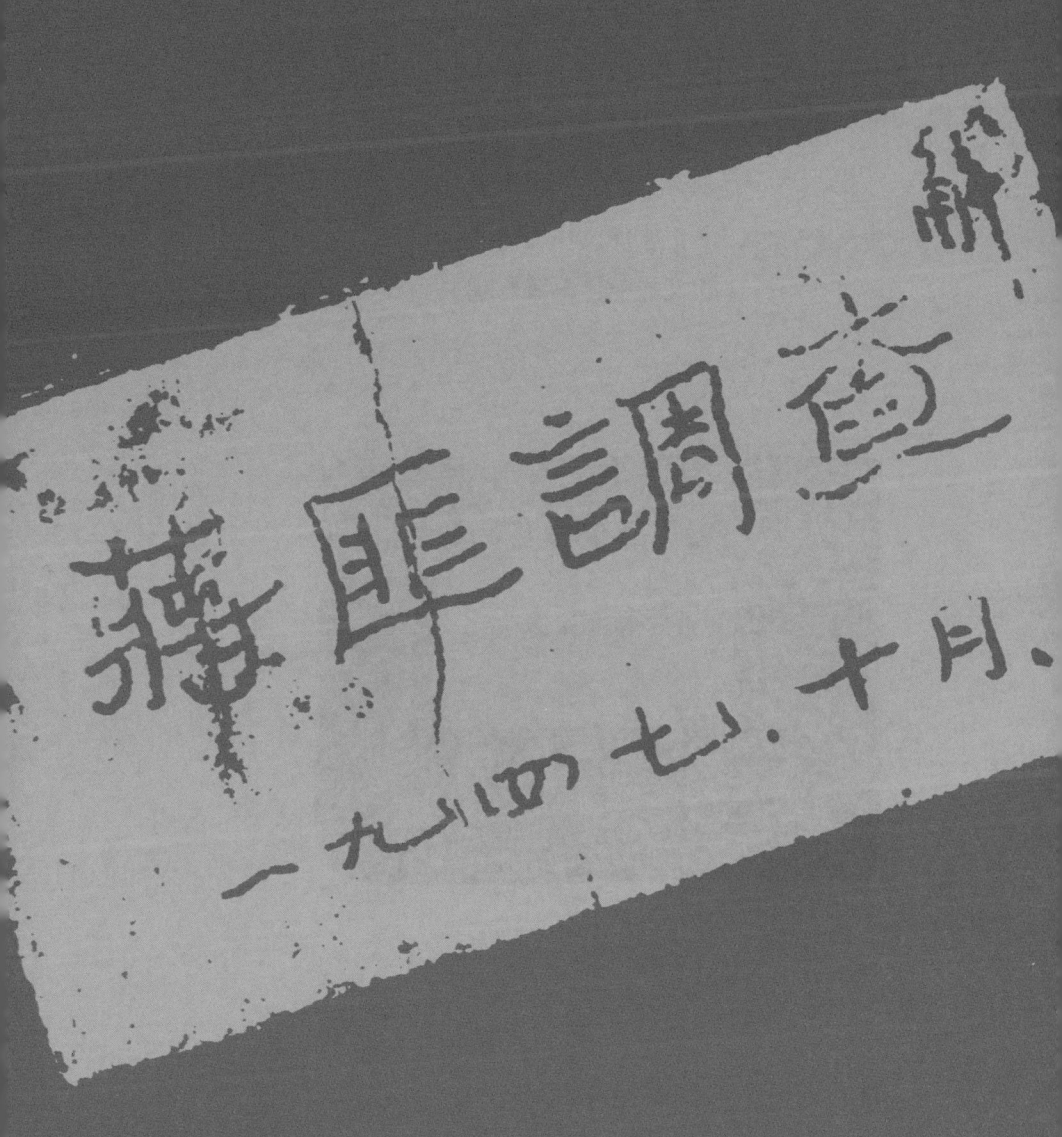

文物介绍

孙卫和侦察敌情时用的记录本,纵 8.2 厘米,横 11 厘米,长方形,线装订。

孙卫和侦察敌情时穿的大褂,白色丝质,通长 143 厘米,手工缝制,立领左襟中式大褂。

孙卫和侦察敌情时用的墨镜,横 13 厘米,纵 4.5 厘米,眼镜腿长 13 厘米,褐色塑料框,墨色玻璃镜片。

这一组文物现藏于河南博物院。

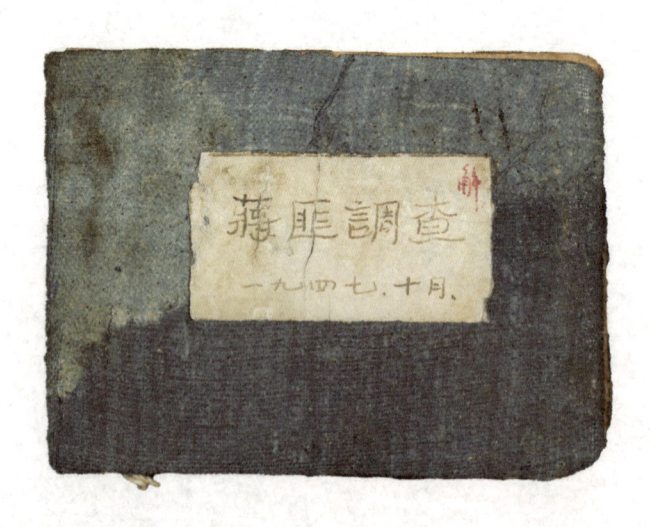

扫码观看视频

孙卫和侦察敌情时用的记录本

孙卫和侦察敌情时用的记录本、大褂、墨镜

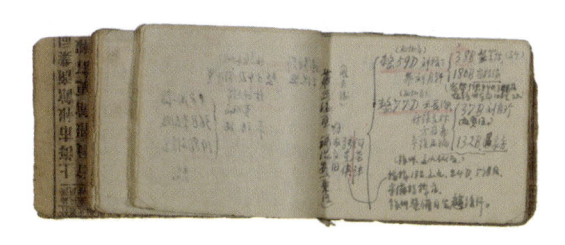

孙卫和记录的敌情

1948年6月22日，解放军经过数日激战，攻克当时的河南省省会开封，之后我军战略性撤出，同年10月24日，解放军第二次解放开封。在敌我两军正面交锋之前，开封城中已经开始了一场无声的战斗。

孙卫和侦察敌情时用的记录本，纵8.2厘米，横11厘米，长方形，线装订。外用蓝色粗布包皮，封面贴一片白纸，上写"蒋匪调查，一九四七、十月"，内用蓝色钢笔书写，记录大量开封守军的敌情。孙卫和侦察敌情时穿的大褂，白色丝质，通长143厘米，手工缝制，立领左襟中式大褂。孙卫和侦察敌情时用的墨镜，横13厘米，纵4.5

孙卫和侦察敌情时穿的大褂

113

厘米，眼镜腿长 13 厘米，褐色塑料框，墨色玻璃镜片。

　　孙卫和，河南荥阳人。1938 年在抗大学习期间加入中国共产党。解放战争时期，他担任豫皖苏军区情报处处长。开封战役前夕，孙卫和受军区首长派遣，化装潜入敌人重兵驻守的开封，执行侦察任务。他在开封城内的双井街 7 号建立了秘密情报站。他有时以经商为掩护，接待和掩护地下党员，购买和输送解放区紧缺的医药、电料、弹药等；有时身着长衣，戴上墨镜，化装成算命先生，侦察和搜集敌军情报。敌情记录本等物品不仅在我军解放开封中起到了重要作用，更是我党开展隐蔽战线斗争的珍贵物证。

孙卫和侦察敌情时用的墨镜

华北军区印发的
《解放开封》小册子

见证——中原红色文物故事

文物介绍

　　华北军区印发的《解放开封》小册子，纵 17.6 厘米，横 12.5 厘米，长方形，纸质，铅印。现藏于河南博物院。

扫码观看视频

华北军区印发的《解放开封》小册子

华北军区印发的《解放开封》小册子

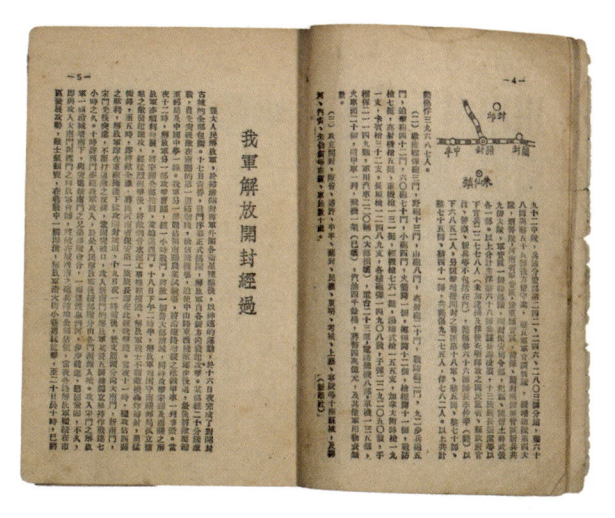

《解放开封》小册子内文

古都开封是国务院首批公布的历史文化名城,是中国八大古都之一,在解放战争时期,开封曾经历了两次解放。华北军区印发的《解放开封》小册子现藏于河南博物院,有开封大捷、我军撤出开封布告、人民解放军与开封市人民、再克开封等内容。

1948年5月30日,国民党军企图集中优势兵力逼迫我军在鲁西南决战,华东野战军第三、第八纵队强渡黄河,在向鲁西南进发途中,临时受命奇袭开封。

守备开封的国民党军为整编六十六师十三旅的

三个团、六十八师的一个团、两个保安旅的四个团、直属保安团的三个团等共3万余人。

  1948年6月16日,华东野战军第三、第八纵队完成对开封的包围,由陈士榘(jǔ)、唐亮指挥,迅速夺占了开封城关,并依托城关对开封展开强攻。在毫无思想准备的情况下,国民党守备军仓促应战,被我军的强大攻势打得惊慌失措。经过一日激战,城关被我军占领。攻城部队一面组织力量灭火,一面加速攻城,不给敌人喘息的机会。19日,小南门、曹门、宋门、大南门、西门相继被我军突破,敌军城防全面崩溃。

当时被我军突破的开封大南门

华北军区印发的《解放开封》小册子

我军入城后,与敌展开了激烈的巷战。蒋介石飞临开封上空督战,敌机不分昼夜狂轰滥炸,妄图阻止我军前进。我军不顾空袭、阻击,逐屋争夺,于20日晚,攻占了国民党河南省政府,省政府主席刘茂恩只身化装逃命。

21日晚,华野第三、第八纵队各派一支尖刀部队,围攻敌六十六师师部、开封守敌的中心据点——龙亭,击毙敌师长李仲辛,活捉敌师参谋长游凌云、十三旅旅长张洁。22日,各处残敌全部放下武器,开封宣告解放,我军取得了歼敌39000余人的重大胜利。这是解放战争以来解放军在关内首座攻克的省会城市,毛泽东亲笔逐字逐句修改了对开封守敌

解放开封的《捷报》

的喊话材料，中央军委颁布了《入城纪律守则》，下达了《对攻克开封后的政策指示》。

解放开封，打乱了敌军的部署，蒋介石慌忙调动邱清泉、黄百韬、区寿年兵团驰救开封，这正暗合我军分割歼敌的战略目的。为了集中兵力歼灭敌人的有生力量，6月26日，我军主动撤离开封，挥师东进。

1948年10月，开封城内只剩刘汝明所属刘汝珍整编的第六十八师负责城防，后接蒋介石命令率部向徐州靠拢。23日夜，解放军向开封城发起进攻。24日晨，敌军弃城东窜，我军再次收复开封，开封迎来第二次解放。

军民庆祝开封解放大捷

《新华日报》太行版合订本

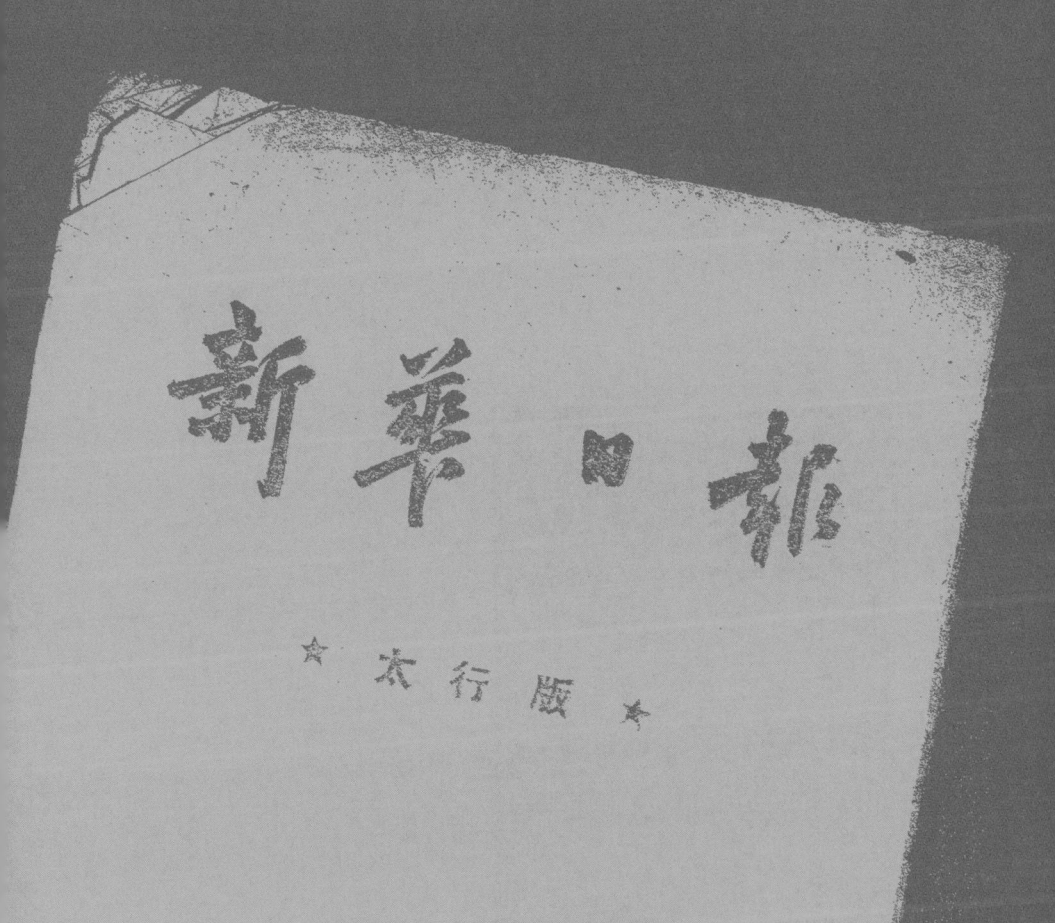

新华日报

★ 太行版 ★

见证——中原红色文物故事

文物介绍

《新华日报》太行版合订本,长方形,纵 37 厘米,横 25.5 厘米,8 开,新闻纸,铅印,竖排版。现藏于河南博物院。

扫码观看视频

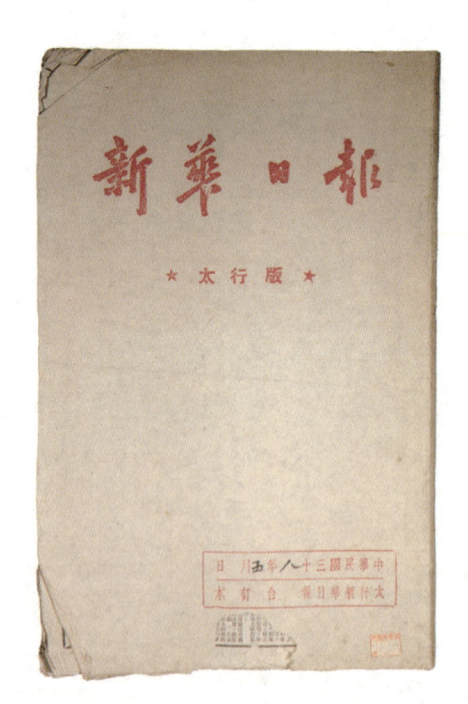

《新华日报》太行版合订本

《新华日报》太行版合订本

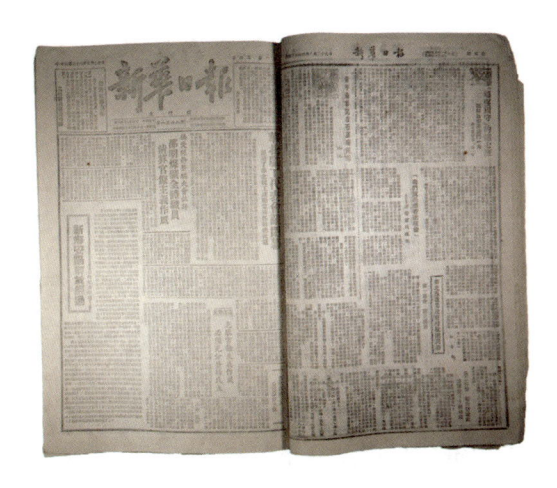

《新华日报》太行版合订本内文

在抗战烽火中诞生的《新华日报》长江版、重庆版和华北版，是当时中国共产党领导的最具影响力的三大报纸。华北版后来改称为太行版。《新华日报》太行版合订本，长方形，纵37厘米，横25.5厘米，8开，新闻纸，铅印，竖排版。

《新华日报》华北版创刊于1939年1月1日，为中共中央北方局机关报，创刊于山西沁县后沟村，由杨尚昆、彭德怀、左权、陆定一、何云等人组成党报委员会，何云任社长、总编辑。《新华日报》华北版在艰难的岁月创刊，又在艰苦的环境中成长。因战时需要，报社曾多次随八路军总部和北方局转移。后来根据北方局指示，晋冀豫区党委改为太行区党委，1943年10月1日，《新华日报》华北版更名为《新华日报》太行版，成为太行区委机关报，史纪言任社长兼总编辑。《新华日报》宣传党的政治主张，揭露国民党的黑暗统治，报道八路军、新四军的抗战成果和经验，成为鼓舞和激励人民对日斗争的响亮号角。朱德总司令曾高度评价："一张《新华日报》顶一颗炮弹，而且《新华日报》天天在作战，向敌人发射出千万颗炮弹。"

　　《新华日报》太行版有着10年零8个月的战斗历程，于1949年8月19日终刊。如今它成为研究中国共产党历史的重要文献之一。

新华日报社曾多次随八路军总部和北方局转移

载有执行"三大纪律八项注意"的
《麓水报号外》

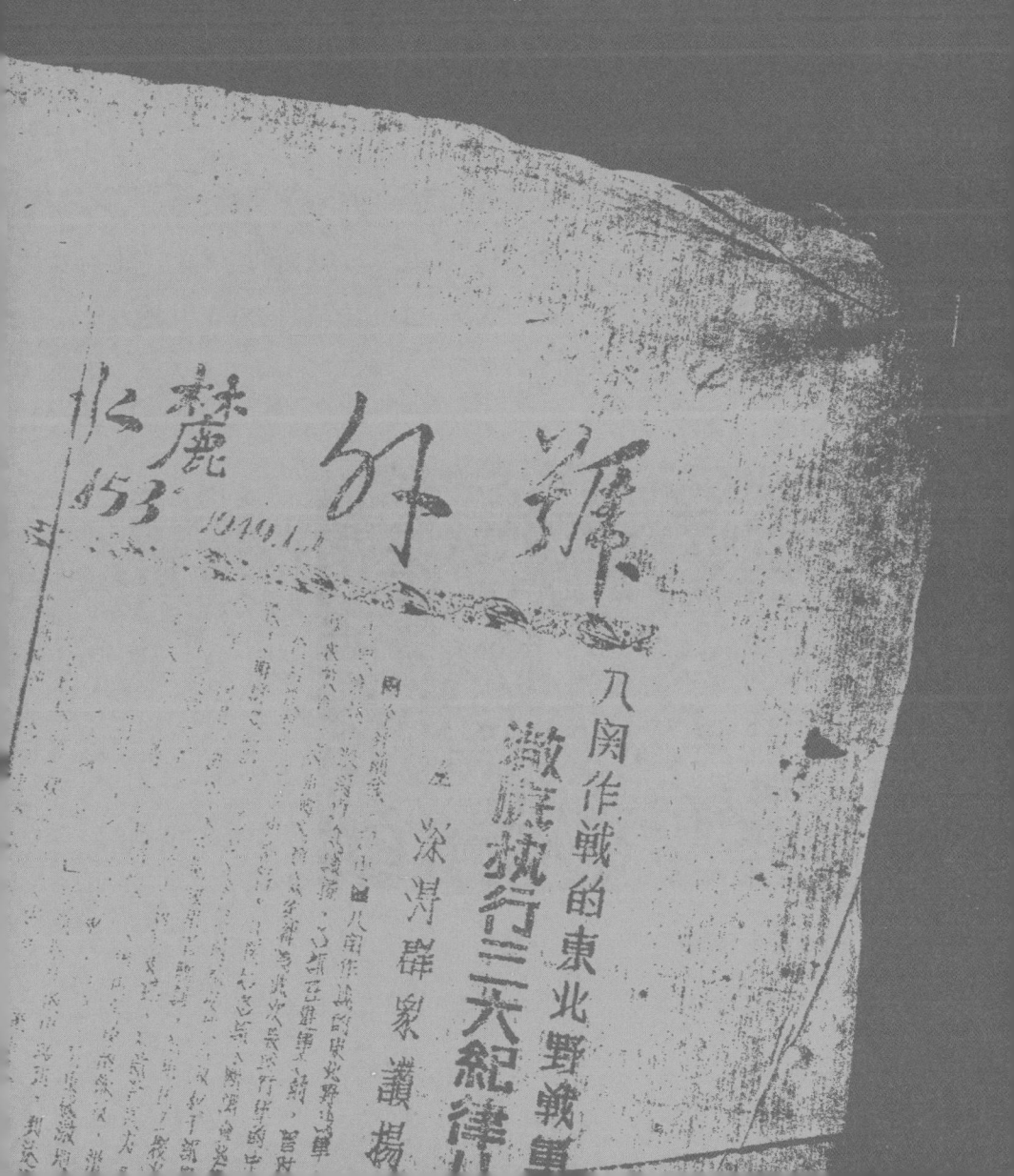

见证——中原红色文物故事

文物介绍

《麓水报号外》，长方形，纵 20.7 厘米，横 28.5 厘米，新闻纸，竖排版，铅印，纸面有残破和折痕。第 153 期，印发于 1949 年 1 月 2 日。现藏于河南博物院。

扫码观看视频

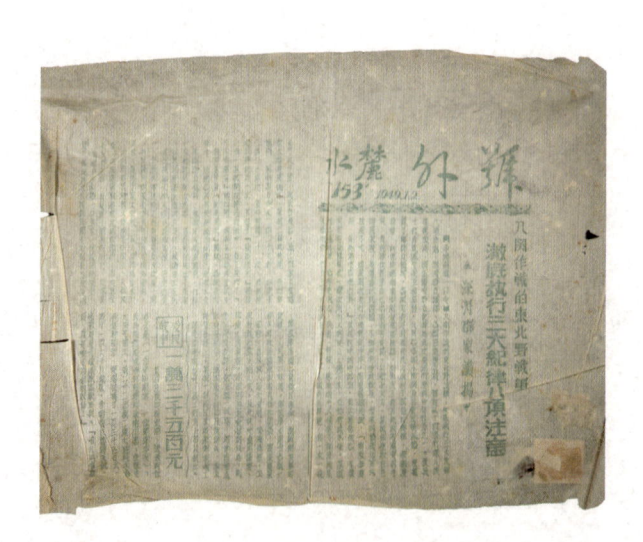

《麓水报号外》

载有执行"三大纪律八项注意"的《麓水报号外》

《麓水报》的前身是《前线通讯》，由山东解放军第八师在解放战争前夕创办。1946年为了纪念战斗中牺牲的师长王麓水，《前线通讯》更名为《麓水报》，由陈毅题写报名。

《麓水报号外》，长方形，纵20.7厘米，横28.5厘米，新闻纸，竖排版，铅印，纸面有残破和折痕。第153期，印发于1949年1月2日。它的头版标题为"入关作战的东北野战军彻底执行三大纪律八项注意"。

"三大纪律八项注意"是我军的优良传统和行动准则，体现了人民军队的本质和宗旨。"三大纪律八

教唱《三大纪律八项注意》

项注意"最初由毛泽东在开辟井冈山革命根据地时期提出,后被谱成歌曲在红军中广为传唱。1947年,毛泽东起草了《中国人民解放军总部关于重新颁布三大纪律八项注意的训令》,正式规定三大纪律是:一、一切行动听指挥;二、不拿群众一针一线;三、一切缴获要归公。八项注意是:一、说话和气;二、买卖公平;三、借东西要还;四、损坏东西要赔;五、不打人骂人;六、不损坏庄稼;七、不调戏妇女;八、不虐待俘虏。自此,"三大纪律八项注意"以命令的形式固定下来,成为全军的统一纪律。它对统一全军纪律、加强部队思想作风建设具有重大的意义。

中华人民共和国开国纪念徽章

文物介绍

中华人民共和国开国纪念徽章，铜质，通径 3.8 厘米，正面中间是天安门和华表图案，刻有日期"1949.10.1"，上方飘扬着五星红旗，内环镌刻有"中华人民共和国开国纪念"字样，外环装饰齿轮、麦穗、五角星，左右两边还设计有羽翼。图案设计精美，色彩亮丽，蕴意丰富。现藏于河南博物院。

扫码观看视频

中华人民共和国开国纪念徽章

中华人民共和国开国纪念徽章

中华人民共和国开国纪念徽章（局部）

中华人民共和国开国纪念徽章，铜质，通径3.8厘米，正面中间是天安门和华表图案，刻有日期"1949.10.1"，上方飘扬着的五星红旗象征中华人民共和国诞生，内环镌刻有"中华人民共和国开国纪念"，外环装饰齿轮、麦穗、五角星，左右两边还设计有羽翼，象征工人、农民是新中国的主人，新中国是以工人阶级为领导、工农联盟为基础的人民民主专政的国家，社会主义建设将插上翅膀，展翅高飞。

1949年10月1日，这是一个永远为中国人民所纪念的日子。毛泽东主席在天安门城楼上庄严宣布：

"中华人民共和国中央人民政府今天成立了！"这洪亮的声音震撼了北京城，震撼了全国，震撼了全世界，开辟了中国历史的新世纪。从此，中华民族以崭新的姿态屹立在世界的东方。

宋学义荣获的
"华北解放纪念章"

文物介绍

华北解放纪念章，铜制，直径3.8厘米。奖章正面为稻穗图案环绕着一名解放军战士，战士持枪守卫着"万里长城"和"八一军旗"，下方铭刻"华北解放纪念"六字，奖章背面刻有"1950"字样。现藏于河南博物院。

扫码观看视频

宋学义荣获的"华北解放纪念章"

宋学义荣获的"华北解放纪念章"

宋学义荣获的"华北解放纪念章"（局部）

在河南博物院的展厅中，有一枚"华北解放纪念章"，为铜制奖章，直径3.8厘米。奖章正面为稻穗图案环绕着一名英姿飒爽的解放军战士，战士持枪守卫着"万里长城"和"八一军旗"，下方铭刻"华北解放纪念"六字。金光闪闪，威武豪迈。

华北解放纪念章是新中国成立后，华北人民政府和华北军区为表彰解放华北区参战人员所颁发的。这枚纪念章是谁的呢？大家一定听说过抗日战争时期发生在河北易县的"狼牙山五壮士"的故事。"狼牙山五壮士"之一的宋学义是河南沁阳人，这枚"华北解放纪念章"就是颁给他的。

1918年,宋学义出生于今河南省沁阳市北孔村,1939年参加抗日游击队,编入晋察冀一分区一团七连六班当战士。1941年9月25日,在河北易县的反"扫荡"战斗中,班长马宝玉带领副班长葛振林,战士宋学义、胡福才、胡德林奉命牵制敌人,把日寇引上狼牙山。他们与敌人激烈战斗,打退了敌人5次冲锋,打死敌人50多名。当手榴弹、子弹全部用光后,他们宁死不屈,视死如归,高喊着"打倒日本帝国主义!""中国共产党万岁!"的口号,一齐纵身跳下

晋察冀军区第一军分区政治部主任罗元发为宋学义(右二)授勋章

了狼牙山的万丈悬崖……因其崇高的爱国主义精神和坚贞不屈的民族气节，五位战士被称为"狼牙山五壮士"。

跳崖后，马宝玉、胡德林、胡福才壮烈殉国，宋学义和葛振林被半山腰几棵小树和石头绊住，经河北易县青年抗日救国会主任余药夫救助得以生还。返回部队后，宋学义受到了晋察冀边区党委、军区司令员聂荣臻的嘉奖，这一年，他光荣地加入了中国共产党。

宋学义伤愈后，因伤残严重，转业到河北省易县北管头村任农会主席，积极带领群众搞土改分田地。1947年，他回到沁阳老家。

1950年8月15日，华北军区政治部下发了《华北军区政治部关于颁发华北解放纪念章的规定》。宋学义获得了一枚"华北解放纪念章"。1953年，新乡行署、军分区、沁阳县人民政府在北孔村给宋学义召开隆重的庆功大会，村民这才知道，回乡6年的宋学义是抗日英雄。1959年，国庆10周年时，宋学义作为"狼牙山五壮士"之一应邀进京参加活动，受到了毛主席的接见。

1971年7月26日，因患肝癌，53岁的宋学义在家乡病逝。1979年,宋学义被河南省授予"革命烈士"的称号,2009年被评为"100位为新中国成立做出突出贡献的英雄模范人物"。

"狼牙山五壮士"的故事,出现在孩子们今天的课本中,他们"不怕牺牲、英勇斗争"的伟大精神,值得后世铭记。

狼牙山五壮士

发给孙占元烈士家属的信

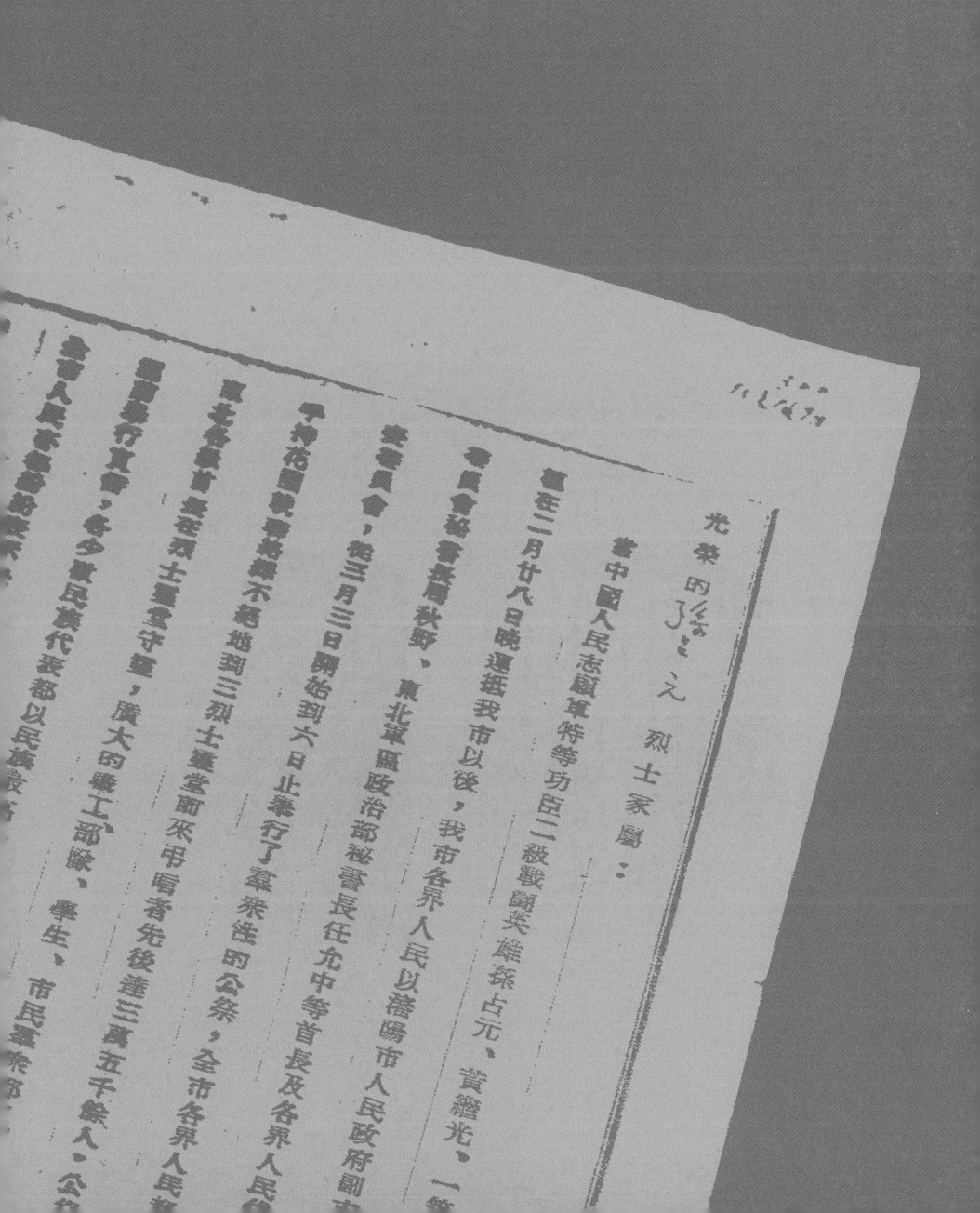

文物介绍

发给孙占元烈士家属的信,纵 27 厘米,横 19.5 厘米。纸质,保存完整。牛皮纸信封,铅印信笺,手写"孙占元 烈士家属"等内容。现藏于河南博物院。

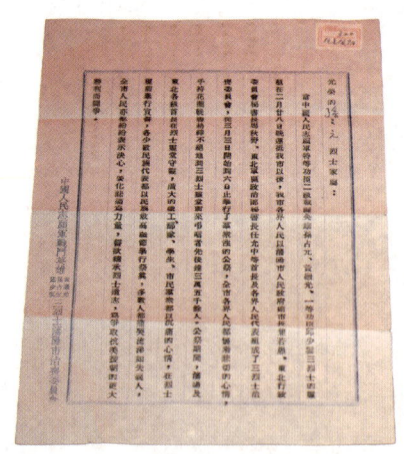

发给孙占元烈士家属的信和信封

发给孙占元烈士家属的信

在河南博物院，陈列着一封中国人民志愿军战斗英雄邱少云、孙占元、黄继光三烈士沈阳市治丧委员会于1953年4月8日发给孙占元烈士家属的信，信中详细描述的是三位烈士的灵柩到达沈阳后，悼念、安葬的全过程，表达了对烈士的崇敬之情。

邱少云、黄继光是我们比较熟悉的战斗英雄，孙占元也是一位烈士，是抗美援朝志愿军特等功臣。

1925年，孙占元出生于河南林县（今林州市）临淇镇三弓水村（现更名为占元村），1946年2月参加革命，1948年加入中国共产党。1951年他参加抗美援朝战争，作为中国人民志愿军战士赴朝作战，历任班长、排长。

1952年10月14日，"联合国军"调集兵力6万余人、大炮300余门、坦克170多辆，出动飞机3000多架次，对志愿军两个连防守的上甘岭阵地发起猛攻，志愿军防守部队进行顽强抵抗。孙占元带领突击排反击597.9高地，当带领队伍到达山腰时，他的双腿被敌军炮弹炸断。为了完成反击任务，他来回爬行指挥，用两挺机枪轮流射击，一连打退敌人两次进攻，毙伤敌80余人。最后因子弹打完，在敌人拥上阵地时，他拉响了最后一颗手榴弹，与敌

141

孙占元拉响了最后一颗手榴弹

人同归于尽,壮烈牺牲。

　　孙占元烈士在抗美援朝战争中的英雄事迹惊天地泣鬼神,荣立特等功,获"一级战斗英雄"称号,并获"朝鲜民主主义人民共和国英雄"称号和朝鲜民主主义人民共和国一级国旗勋章、金星奖章。

　　1953年,党和人民政府在沈阳市举行追悼大会,深切缅怀孙占元、黄继光、邱少云三位著名的抗美援朝烈士,并将三位烈士安葬在沈阳抗美援朝烈士陵园。

　　上甘岭战役无论就其残酷性还是重要性而言,在古今中外战争史上都是不多见的。毛主席了解到上甘岭战役中的英雄事迹后，当即指示有关方面将上甘岭战役拍成电影。

"一条大河波浪宽……朋友来了有好酒，若是那豺狼来了，迎接它的有猎枪。这是强大的祖国，是我生长的地方，在这片温暖的土地上，到处都有和平的阳光！"振奋人心、传唱甚广的歌曲《我的祖国》便出自电影《上甘岭》。

邱少云、孙占元、黄继光三位烈士墓

图书在版编目（CIP）数据

见证：中原红色文物故事 / 中共河南省委党史和地方史志研究室，河南博物院著. — 郑州：海燕出版社，2022.12
ISBN 978-7-5350-9097-3

Ⅰ.①见… Ⅱ.①中… ②河… Ⅲ.①革命文物-介绍-中国 Ⅳ.①K871.6

中国版本图书馆CIP数据核字（2022）第255413号

见证——中原红色文物故事
JIANZHENG ZHONGYUAN HONGSE WENWU GUSHI

出 版 人：董中山	责任校对：李培勇 郝 欣
策划编辑：董中山	责任印制：邢宏洲
责任编辑：王茂森	装帧设计：张 军
王 敏	内 文 图：睿鹰绘画工作室／胡芸

出版发行：海燕出版社
　　　　　地址：郑州市郑东新区祥盛街27号　邮编：450016
　　　　　网址：www.haiyan.com
　　　　　发行部：0371-65734522　总编室：0371-63932972
经　销：全国新华书店
印　刷：郑州市毛庄印刷有限公司
开　本：710毫米×1000毫米　1/16
印　张：9.5
字　数：160千字
版　次：2022年12月第1版
印　次：2022年12月第1次印刷
定　价：38.00元

如发现印装质量问题，影响阅读，请与我社发行部联系调换。